李飞逻辑营销 9堂课

Logical Marketing

李飞营销系列

李飞·著

机械工业出版社
China Machine Press

图书在版编目（CIP）数据

李飞逻辑营销 9 堂课 / 李飞著 . -- 北京：机械工业出版社，2021.3
（李飞营销系列）
ISBN 978-7-111-67635-5

Ⅰ. ①李…　Ⅱ. ①李…　Ⅲ. ①企业管理 - 营销管理　Ⅳ. ① F274

中国版本图书馆 CIP 数据核字（2021）第 036789 号

  多年来，企业营销活动存在着营销投入大、营销效果差的现象。营销"性价比低"的原因，往往是企业忽视了营销的逻辑。本书提出了"逻辑营销管理"的概念，建立了相应的管理框架，并详述了框架的五大内容：确定美好的使命和目标；选对目标顾客；给目标顾客一个选择的理由；让目标顾客感知到选择的理由是真实存在的；使收入大于成本。本书将营销管理化繁为简，以让读者清晰感知营销的逻辑。

李飞逻辑营销 9 堂课

出版发行：机械工业出版社（北京市西城区百万庄大街 22 号　邮政编码：100037）
责任编辑：岳晓月
责任校对：殷　虹
印　　刷：北京文昌阁彩色印刷有限责任公司
版　　次：2021 年 4 月第 1 版第 1 次印刷
开　　本：147mm×210mm　1/32
印　　张：6.75
书　　号：ISBN 978-7-111-67635-5
定　　价：69.00 元

客服电话：（010）88361066　88379833　68326294　　投稿热线：（010）88379007
华章网站：www.hzbook.com　　　　　　　　　　　　读者信箱：hzjg@hzbook.com

版权所有 • 侵权必究
封底无防伪标均为盗版　本书法律顾问：北京大成律师事务所　韩光 / 邹晓东

◀ 前　言 ▶

2020年上半年，清华大学经济管理学院高管教育中心设计开发了线上讲授的10门管理核心课程。我承担了其中的"营销管理"课程，该课程已于7月上线，本书是该课程的配套教材，根据课程录音整理、补充、编辑而成。

营销管理几乎被认为是常识，其实我们或许还不太了解营销管理的本质。多年来，市场上不断涌现出营销投入大、营销效果差的案例，其中一个重要原因是其营销违背了营销的逻辑。营销是有逻辑的，这个逻辑是指营销管理过程中的先后顺序和因果关系，先后顺序混乱、因果不匹配，自然无法实现营销目标。因此，我提出"逻辑营销管理"的概念，并建立了相应的管理框架，详述了框架的五大内容：秉承让世界更美好的使命和目标；选对目标顾客；给目标顾客一个选择的理由；让目标顾客感知到选择的理由是真实存在的；使收入大于成本。

这门线上课程讲授的是逻辑营销管理，共有 9 堂课。其特点是，突出了营销管理的逻辑性，吸收了最新的营销管理的研究成果，具有一定的实用性，同时，语言简明扼要、通俗易懂。无论是学习营销管理的学生、讲授营销管理的老师，还是从事营销管理实践的企业领导者，都可以把本书作为营销学习的入门读物或是提升读物，还可以用其来诊断生活、工作和经营中遇到的难题，进而发现解决问题的思路和办法。

后续我计划推出与本书配套的《逻辑营销管理工具》（拟定）和《逻辑营销管理案例》（拟定），便于读者加强对逻辑营销管理理论的理解及实际应用。

本书得到清华大学经济管理学院中国零售研究中心项目的资助。

李　飞

2020 年 8 月

◀ 引 言 ▶

市场上的营销类书籍多如牛毛,它们各有自己的特色和存在的理由,而本书是从逻辑的全新视角,讨论了营销管理的问题。因此,按照逻辑讨论营销管理是本书的一大特色。为了便于读者提高阅读效率和理解本书的内容,我们有必要介绍一下本书的逻辑。

逻辑1:持续增加销售额的路径是持续实现顾客价值和顾客满意

在第1堂课,我们从企业面临的最为头疼的问题——销售额增长放缓或停滞入手,寻求有效的解决办法,结果发现最为根本（不是暂时）的解决办法，就是实现顾客价值和顾客满意。因为顾客价值决定顾客是否购买，顾客满意决定顾客是否再购买，如果同时实现了顾客价值和顾客满意，就会使销售额持续健康地增长。

逻辑 2：顾客价值和顾客满意是营销组合四个要素有机组合的结果

在第 2 堂课，我们接着探寻实现顾客价值和顾客满意的方法。顾客价值是顾客拥有和使用某一产品或服务获得的利益与支出的成本之间的比较，因此实现顾客价值仅有两种方法：增加顾客获得的利益和减少顾客支出的成本。顾客满意是顾客对产品或服务的实际感知效果与预先期望的比较，因此实现顾客满意也仅有两种方法：提高顾客的实际感知效果和降低顾客的预先期望。通过分析我们发现：无论是增加顾客获得的利益，还是减少顾客支出的成本，无论是提升顾客的实际感知效果，还是降低顾客的预先期望，都是产品（包括服务）、价格、分销和传播营销组合四个要素有机组合的结果。

逻辑 3：营销组合四个要素的有机组合是通过逻辑营销管理实现的

有读者可能会有疑问：公司几乎都有前述四个要素的组

合，为什么既没有实现理想的顾客价值，也没有实现期望的顾客满意呢？这是我们在第3堂课要回答的问题。或许有四个要素的组合，但是没有实现有机组合，即没有将其按照一个共同目标进行组合。实现有机组合，不仅需要事先进行营销研究、目标顾客选择和营销定位决策，还要完成分析、计划和实施的管理过程，即完成营销管理的全过程。或许还会有读者问：营销管理的全过程都完成了，但是还没有实现顾客价值和顾客满意，这是为什么呢？我们的回答是，仅有营销管理还不够，还要进行有逻辑的营销管理。

逻辑4：逻辑营销管理是指营销管理过程中的先后顺序恰当以及因果关系清晰

什么是逻辑营销管理呢？逻辑营销管理是指营销者为了实现利益相关者利益的目标，在对"目标顾客选择、营销定位点确定、产品策略、价格策略、分销策略、传播策略"的分析、计划和实施的过程中，各个环节和步骤先后顺序恰当，因果关系清晰，符合营销管理自身的规律。

逻辑营销管理的框架模型，可以归纳为"五训"：一是确定美好的使命和目标；二是选对目标顾客；三是给目标顾客一个选择的理由；四是让目标顾客感知到选择的理由是真实存在的；五是使收入大于成本。

逻辑营销管理需要弥合六大差距：一是营销目标与组织使命之间的差距；二是目标顾客与营销目标之间的差距；三是营销定位点与目标顾客之间的差距；四是营销组合策略与营销定位点之间的差距；五是关键流程与营销组合策略之间的差距；六是重要资源整合与关键流程之间的差距。避免和弥合了这六大差距，就表明实施了逻辑营销管理，自然就是能够实现顾客价值和顾客满意的有效的营销管理。

随后，我们按照逻辑营销管理的框架，在第 4 堂课、第 5 堂课、第 6 堂课、第 7 堂课、第 8 堂课，分别从确定美好的使命和目标、选对目标顾客、给目标顾客一个选择的理由、让目标顾客感知到选择的理由是真实存在的、使收入大于成本的维度，讨论了"是什么、为什么和怎么办"的问题。第 9 堂课，对课程进行了总结。

"逻辑营销管理"这门课，并非想取代其他营销管理课，因此本书也并不试图取代其他的营销管理类书籍，而是将营销管理的"筋"抽出来，使读者在浩瀚的"营销之书"海洋中，发现营销管理的本质和逻辑。

◀ 目　录 ▶

前　言

引　言

第1堂课 **如何持续提升销售额**　1
本章要点　2
企业生存面临的问题　3
常见的失效的解决办法　6
持续健康地增加销售额的路径　7

第2堂课 **如何实现顾客价值和顾客满意**　18
本章要点　19
实现顾客价值的方法　20

实现顾客满意的方法 | 25
　　　实现顾客价值和顾客满意之间的平衡 | 30
　　　从营销到营销管理再到有效营销管理 | 34

第3堂课　什么是逻辑营销管理 | 43

　　　本章要点 | 44
　　　什么是有效的营销管理 | 45
　　　什么是独特的竞争优势 | 47
　　　如何打造独特的竞争优势 | 49
　　　实施有逻辑的营销管理 | 51

第4堂课　确定美好的使命和目标 | 73

　　　本章要点 | 74
　　　秉承让世界更美好的使命 | 75
　　　选择实现利益相关者利益的目标 | 89

第5堂课　选对目标顾客 | 96

　　　本章要点 | 97
　　　什么是目标顾客 | 98
　　　为什么要选对目标顾客 | 99
　　　如何选对目标顾客 | 102

第6堂课　给目标顾客一个选择的理由 | 117

　　　本章要点 | 118
　　　什么是目标顾客选择的理由 | 119
　　　为什么要给目标顾客一个选择的理由 | 132

如何给目标顾客一个选择的理由 | 134

第7堂课 让目标顾客感知到选择的理由是真实存在的 | 140

本章要点 | 141

什么是目标顾客感知到选择的理由是真实存在的 | 142

为什么要让目标顾客感知到选择的理由是真实存在的 | 145

如何让目标顾客感知到选择的理由是真实存在的 | 147

第8堂课 使收入大于成本 | 164

本章要点 | 165

如何使收入大于成本 | 166

如何根据营销组合构建关键流程 | 169

如何根据关键流程整合重要资源 | 178

第9堂课 逻辑营销管理的核心内容 | 185

本章要点 | 186

什么是逻辑营销管理 | 187

为什么要进行逻辑营销管理 | 190

如何进行逻辑营销管理 | 195

后记 | 203

◀第 1 堂课▶

如何持续提升销售额

本章要点

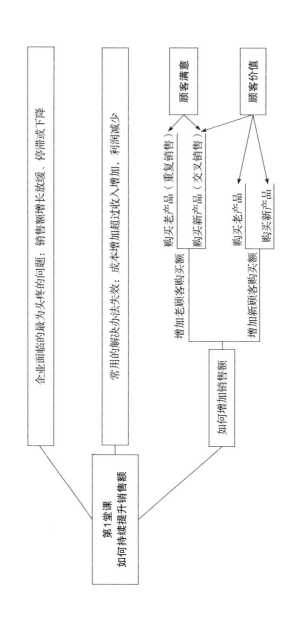

我们的课程名为"逻辑营销管理",是说营销是有逻辑的。企业效益不好,可能是因为企业实施的不是真正的营销,或者实施的是营销,但不了解管理,也可能实施的是营销管理,但没有逻辑,这几种情况都不会有好的效果。

一个人或一个组织面临的非常头疼的问题,通常是销售额增长放缓,或者是推出一个新产品而没有销售额,或者是销售额原来增长速度较快,后来突然停滞或下降了。因此,我们这门课程的第1堂课为课程引入,从如何持续提升销售额开始。这一堂课我们将讨论三个问题:一是企业生存面临的问题有哪些;二是通常采取的解决办法是什么;三是我们该如何持续健康地增加销售额。

企业生存面临的问题

一个人或一个组织在发展过程中遇到问题时,习惯采取头痛医头、脚痛医脚的临时对策,但是临时抱佛脚终究无法从根本上解决问题,从而导致一些问题反复出现。因此,人们的工作和生活状态常常不够从容,显得手忙脚乱,使人身心俱疲却没有取得好的效果。

一位职业经理人,比较头疼的问题是多年职位晋升无望和薪酬提高的希望渺茫。

一位毕业生,比较头疼的问题是临近毕业没有拿到录用函。

一位恋爱中人,比较头疼的问题是恋人不像过去那样爱自己了。

一家公司,比较头疼的问题是公司没有利润或利润增长放缓。

这一切问题的根源,都是销售额增长停滞或下降。从供给方来说,都是销售额增长的问题;从需求方来说,都是愿意支付的成本或者说是购买额减少甚至趋于零了。

值得我们注意的是,顾客愿意支付的成本包括货币成本和非货币成本(时间、体力和精力),进而购买额也体现为货币购买额和非货币购买额(时间、体力和精力),公司的销售额自然也包括货币销售额和非货币销售额(时间、体力和精力)。当然,在商品交易市场上,非货币成本、非货币购买额和非货币销售额,通常大部分都会转化为货币成本、货币购买额和货币销售额。

对于一位职业经理人来说,董事会不愿意为其花费货币成本、时间成本、精力成本和体力成本,就表明不愿意花费成本"购买"他更多的人力资源,自然就不会给他升职和加薪。

对于一位毕业生来说,用人单位不愿意为其花费货币成本（薪资待遇）、时间成本、精力成本和体力成本，就表明不愿意花费成本购买他的劳动力，他也就拿不到录用函。

对于一家公司来说，顾客不愿意为其花费货币成本（商品价格）、时间成本、精力成本和体力成本，就表明不愿意花费成本购买它的产品和服务，自然就不会产生理想的销售额。假如公司不是从根本上解决问题，增加销售额的代价是不断地增加促销等成本投入，就会陷入销售额增加、利润却减少的窘境。为了便于理解，我们专门以公司的情境进行比较详细的讨论。

一家公司人才流失、投资者远离、资金链断裂、利润减少等困难的出现，似乎都有可以解释的原因，因此，领导者习惯于采取提高薪酬待遇、并购新项目、拼命打广告等方式解决问题。但这些问题最为根本的原因是销售额不能持续健康地增长，"持续"的含义是销售额不间断增长，"健康"的含义是销售额的增长伴随着利润的增长。

人才流失无非因为员工的待遇得不到改善和事业发展受阻，制约这两点的是销售额不能健康增长，进而没有更多的余钱用于改善员工待遇，没有理想的发展规模给予骨干更多的提职机会；资金链断裂，无非是投资者对你失去信心，自己又没有挣到更多的钱，这两点仍然是由于销售额没有持续健康地增长；至于公司利润减少，无非是销售额增长停滞或放缓，或者刺激销售额增长是靠成本的更大增加来支撑的。

可见，公司面临诸多问题的根源，是销售额没有持续健康地增长，这些问题最好的解决办法，自然就是持续健康地增加销售额。一家公司、一个品牌、一个人，都不例外。

常见的失效的解决办法

发现问题难，找到解决问题的方法更难。新产品上市销售额没有达到预期，原来销售增长良好的品牌突然显现疲态，最后一个季度的累计销售额与完成全年销售任务相比还有较大差距等，这些都会令经理人抓耳挠腮，情急之下，不可避免地会采取一些"立竿见影"的方法。职业经理人升职加薪的迫切愿望、毕业生求职的急切心理，都会促使他们探寻一些应急的办法。

某些职业经理人，为了达到升职加薪的目的，给上级领导送礼物、请吃饭，甚至冒着违法的风险进行行贿。

某些毕业生，为了找到理想的工作，委托家人或亲朋好友进行游说，当然礼物也是必不可少的。

某些公司，为了提高销售业绩花重金进行广告轰炸，增加销售人员提成比例，为买方提供购买补贴，甚至向买方采购经理或是采购委员会的成员行贿。

这些应急方法的结果大多不尽如人意,因为这些做法都是花钱的竞赛,但是花了钱并不一定能增加销售额,即使增加了销售额,也可能由于投入的费用太高而没有利润。

可见,传统的广告轰炸、人海战术、促销补贴的方法,在现今的市场中已经部分或完全失效,并不能保证企业持续健康地增加销售额,我们需要另寻他法。

持续健康地增加销售额的路径

为了避免理论视角的争论,我们回到营销实践的真实场景,以及最为简单的分析逻辑。

1. 增加销售额,无非是增加新老顾客的购买额

这是毫无争议的,似乎也是众人皆知的常识。新老顾客对公司持续增加销售额的贡献是相辅相成的,两者都是不可或缺的。

假如仅有老顾客而没有新顾客,会由于老顾客的自然流失而使购买额下降,特别是对于一些按照年龄划分目标顾客的品牌来说更是如此。例如,婴儿奶粉的目标消费者是婴儿,目标购买者是婴儿的父母,婴儿会成长为儿童,

婴儿的父母会变为儿童的父母，因此，婴儿奶粉品牌商必须不断地开发新的婴儿及婴儿的父母顾客群，否则必然导致产品销售额下降。一些传统老字号面临困境的重要原因，就是忽视了新顾客的开发。

假如仅有新顾客而没有老顾客，同样不能使销售额持续增长。特别是当今大数据时代，开发顾客似乎更加精准和便利，但是开发顾客的成本变得越来越昂贵，如果仅靠新顾客来增加销售额，不仅销售额增长有限，还会由于开发顾客的成本太高而使利润大大减少。一些新创品牌之所以由"先驱"变成了"先烈"，就是因为没有留住老顾客，诸多顾客成为只购买一次该商品的"观光客"或"路过者"。

2. 增加新老顾客的购买额，无非是让新老顾客增加对老产品和新产品的购买额

让老顾客购买老产品，在营销学中称为"**重复销售**"或"**重复购买**"。重复销售的好处包括：一是可以保证销售额不下降；二是可以节省开发顾客的成本（因为是连续对已有顾客销售）；三是节省开发产品的成本（因为销售的是老产品）；四是降低传播费用（老顾客比较熟悉或偏爱老产品）。

让老顾客购买新产品,在营销学中称为"**交叉销售**"或"**交叉购买**"。交叉销售的好处:一是可以增加销售额(因为是让老顾客购买了新产品);二是可以节省开发顾客的成本(因为是老顾客购买新产品);三是可以增加公司与顾客之间的黏性,而黏性是阻止顾客流失的关键性因素。有一项针对美国金融业的调查结果显示,当顾客购买某金融机构的一款金融产品时,顾客流失率为95%;购买该机构的两款金融产品时,流失率就会降低到55%;购买四款金融产品时,流失率几乎降低为零。情侣热恋时爱得死去活来,但是双方接下来的日子仅提供"老产品",不提供"新产品",就会产生七年之痒,这是50多年前的结论。2011年英国的一项调查结果显示,"三年之痒"已经取代"七年之痒",现实生活中也出现了"一年之痒"甚至"半年之痒"。然而,顾客与公司或品牌的关系,至多是偏爱的关系,远未达到死去活来的热恋关系,因此仅向顾客提供老产品,不提供满足其需要的新产品,顾客自然几个月甚至几周就流失了。

日本无印良品诞生于1980年,当时取得成功的重要原因之一是,当无印良品的10个顾客中有1个满意、9个不满意时,公司就开始研究那

9个顾客为什么不满意,然后改进工作让他们满意,从而使销售额和利润额持续健康地增长。但是,这种做法在运营10余年后逐渐失灵了。2000年无印良品出现经营危机,2001年首次出现亏损。松井忠三担任社长之后,对无印良品进行了一系列战略调整,其中一项就是缩小目标顾客的范围,仅为部分人服务,当10个顾客中有1个满意、9个不满意时,就研究那1个顾客为什么满意,并为他提供简约、自然主义的生活方式,忽略不满意的那9个顾客。但由于顾客少了,因此需要对所选择的顾客进行交叉销售,从卖服装到卖日常生活用品,甚至延伸到卖食品。这一调整收到了极好的效果。

让新顾客购买老产品和新产品,在营销学中都被视为**顾客开发**。开发了新顾客之后,不仅让他们购买老产品,还让他们购买新产品,这样做的好处:一是可以增加销售额;二是可以节省产品开发成本;三是可以提升老顾客留下来的信心(这符合从众效应和马太效应,前者是指人们消费会追随大众的选择,后者是指顾客越多越会带来更多的顾客)。

3. 增加新老顾客对新老产品的购买额，无非是实现顾客价值和顾客满意

这一点并不是一下子就能看清楚的，我们需要进行分析。

如何让老顾客购买老产品？想想我们自己的经历就会得出答案。例如，你想请一位朋友吃饭，就会在脑海里搜寻曾经去过的餐馆，哪家令你不满意，哪家令你比较满意，哪家令你非常满意，通常最终会选择曾经令你满意的餐馆，远离曾经令你不满意的餐馆。这意味着顾客过往购买和消费是否满意，决定着顾客会否再次购买或重复购买，这一点对于消耗类产品的业绩提升非常重要。我们在旅游时，常常会重复去已经去过的国家和地区，比如巴黎、罗马和京都等城市，以及北京的颐和园和故宫等，就是因为它们都给我们留下过美好的体验和记忆。在品牌的选择上，人们习惯重温那些美好的记忆，不太愿意冒险转换品牌。

2019年秋天，我和家人去日本京都旅游，一天在二条坂附近的一家很小的餐馆吃晚餐，吃什么已经忘记了，只是留下了好吃的印象。离开餐馆时，服务员和厨师跟随我们出了餐馆的大门，我想他们可能是迎接其他客人，就随便点了个头、自顾自地走了。夜色已降临，我们走了大约50米

之后，需要拐进另外一条小巷，我无意当中回了下头，远远看到两个人影深深地向我们鞠了个躬。我顿时觉得一股暖流传遍全身，立刻想到每次回家看望80多岁的老母亲后驱车离家时，都能从反光镜看到她那久久没有消失的越来越小的身影。只有最亲的人才会在分别时一直看着你的身影消失后才离去。回到北京后，我一直有个愿望：去京都时再去光顾那家餐馆，尽管当时我都没有记下那家餐馆的名字，仅记住了它的位置。

如何让老顾客购买新产品？同样，通过我们自己的购物经历就会得出答案。一家公司推出了一种新产品，我们是否购买呢？首先，我们会回忆以往购买该品牌老产品时是否满意，如果满意了有可能购买该品牌的新产品，如果不满意就会影响购买该品牌新产品的欲望，甚至拒绝购买。其次，即使我们购买该品牌老产品时感到满意，该品牌推出新产品，我们也不一定购买，这还取决于我们对于该品牌新产品的认知。想想我们在进行购买决策时，买的是最贵的产品吗？不是！买的是最便宜的产品吗？也不是！我们买的是**性价比**高的产品。性价比，按营销学的说法，就是顾客价值，也就是这个产品和服务是否让我们感到值，感到值的程度决定了顾客是否购买，以及会花多少钱去购买。

如何让新顾客购买老产品和新产品？无论是老产品还是新产品，对于新顾客来说都是新产品，因此必须让他们感到物有所值。

可见，无论是老顾客还是新顾客，无论是购买老产品还是购买新产品，都是顾客价值在决定顾客是否要购买，顾客满意在决定顾客是否再购买，因此顾客价值和顾客满意决定了公司的销售额是否增长，持续的顾客价值和顾客满意决定了公司的销售额是否会持续地增长（见图1-1）。

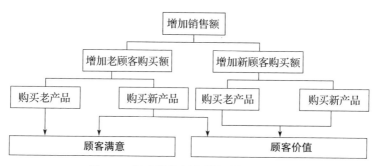

图1-1 解决销售额停滞问题的思维图

清楚了持续健康地增加销售额的路径之后，我们就可以很容易地避免陷入"费用大幅增加，而销售额增加幅度很小"或者"销售额大幅增加，而利润额大幅减少"的陷阱。我们列举几例。

一位大学毕业生,求职时通过送礼拉关系甚至行贿的方法获得了机会。但假如他的实际能力没有让他求职的单位受益,感到他是"人有所值"的,单位就不会积极地聘用他,即使聘用了,也不会给他提供理想的薪酬;相反,假如用人单位感觉到他比其他人更加"人有所值",那么不用通过送礼和行贿,他也会得到理想的工作岗位和薪酬。近些年,有的大学毕业生花了十几万甚至几十万元,也没有找到理想的工作,缘于他们对于想去的单位来说不足够优秀;有的大学毕业生最终找到了理想的工作,也绝对不是因为花了十几万甚至几十万元,而是缘于他们足够优秀,本不用花钱也可以进入理想的单位。2000年我准备换工作,离开原来就职的北京商业管理干部学院,申请了北京大学光华管理学院和清华大学经济管理学院的职位,没有给任何人送过一分钱和一点礼物。北京大学光华管理学院拒绝了我,不是因为我没有送礼和行贿,而是他们认为我不够"人有所值"。后来清华大学经济管理学院接受了我,不是因为我送了礼和行了贿,而是因为他们认为我是他们需要的人。过去我们常说,要到祖国最需要的地方去。今天也是如此，人家需要你，才会感到"人有所值"，才愿意满足你的待遇和薪酬要求，当然，最理想的情况是这份工作也正好是你的兴趣所在。我们也不完全排除"关系"的作用，但它的作用是让别人知道你，而能否让人感到你"人有所值"，关键还是在于你自身的素质和表现。

又如，一家公司为了完成年度销售额，通常会在第四季度采取四种突击策略：第一种策略是在媒体进行大规模的广告轰炸；第二种策略是增加销售人员的提成比例；第三种策略是请一个网红或流量明星进行直播带货；第四种策略是进行大幅的降价促销活动等。前三种策略都会大大地增加销售成本，而且这些成本支付给了媒体、销售人员、直播的网红和平台等，没有直接花在顾客身上，假如这些活动让顾客感到更加物有所值和更加满意，无疑会增加销售额，否则只会使成本增加而销售额不会增加，或者即使销售额增加，也达不到公司期望的水平。第四种策略，无疑会牺牲公司的利润，同时会减少顾客的支出，貌似会使顾客感到更加物有所值和更加满意，但也不一定，由于降价促销有时也会损害品牌形象，让顾客对品牌失去信心,从而感到不值或者更加不满意。通常情况下,常常是这四种策略的组合运用,结果大多是成本增加、利润减少甚至产生亏损。有专家分析说,这是为了传播和宣传品牌,而不是为了增加销售额。这些策略或许会提升品牌知名度,但也可能会伤害品牌美誉度。因此,这四种策略并非天然就会增加销售额和利润额,要达到我们预期的目的,就必须确认它们都为顾客价值和顾客满意做出了贡献。

在一定意义上说,顾客购买时感知的永远不是价格的高或低、广告的多与少、网红直播与否、销售人员的提成如何等,而是物有所值和满意。

◀ 小 结 ▶

我们总结一下第 1 堂课的内容,其核心就是如何持续健康地增加销售额。通常的一些做法容易陷入误区,导致成本持续增加,而销售额并没有成比例增加。通过研究发现:顾客价值决定顾客是否要购买,如果顾客感觉不值,就不会购买,并产生抱怨,形成负面口碑,品牌价值将受到伤害。反之，如果顾客感觉值，就会购买；购买使用以后，顾客感觉满意，会重复购买；如果不满意，就不再购买，甚至会抱怨，有时会形成负面口碑，直至损害品牌。因此，公司利润的增加，不能仅建立在降低成本的基础上，更重要的是建立在销售额健康增长的基础上。因为降低成本无非是降低人工成本和营销成本，这两个成本的降低通常会使短期利润增加，但会使长期利润受损。要使销售额和利润额长期健康增长，就要持续地实现顾客价值和顾客满意。

最后，我们归纳出第 1 堂课价值千金的一句话：**要实现持续健康地增加销售额的目标，只有一种选择，那就是持续地实现顾客价值和顾客满意。**一家公司、一个品牌、一个人，都是如此。

◀第 2 堂课▶

如何实现顾客价值和顾客满意

第 2 堂课　如何实现顾客价值和顾客满意

本章要点

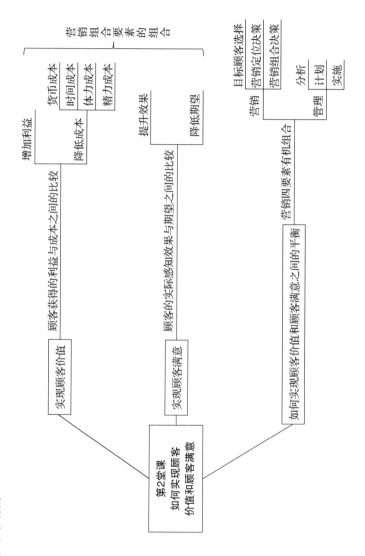

在第1堂课中我们讲到，一个人或一个组织面临的难题通常是销售额增长停滞或降低的问题，而使销售额持续增长的办法，只有持续地实现顾客价值和顾客满意。那么如何持续地实现顾客价值和顾客满意呢？这是第2堂课要回答的问题。这堂课我们讨论四个问题：一是如何实现顾客价值；二是如何实现顾客满意；三是如何实现顾客价值和顾客满意之间的平衡；四是营销管理的核心内容。

实现顾客价值的方法

顾客价值是顾客购买某一种产品和服务所支出的成本，与获得或使用该产品和服务所带来利益的比较。当顾客所获得的利益大于所支出的成本时，就会感到物超所值；当顾客所获得的利益等于支出的成本时，就会感到物有所值；当顾客获得的利益小于支出的成本时，就会感到物非所值（见表2-1）。

表2-1 顾客价值的三种结果及评价

利益与成本之间的关系	结果	评价
利益大于成本	物超所值	很好
利益等于成本	物有所值	较好
利益小于成本	物非所值	不好

我们需要实现物有所值和物超所值，避免物非所值。由表 2-1 可知，要实现物有所值和物超所值的目标，只有两种方法：**增加顾客获得的利益**和**减少顾客支出的成本**。

1. 如何增加顾客获得的利益

利益包括听觉、视觉、味觉、嗅觉、触觉等的满足以及大脑感知到的物质利益和精神利益（如舒适、健康和开心等），甚至可以延伸至人生价值（如幸福、爱和自尊等）。通过分析发现，公司可以从多个维度增加顾客获得的利益。

一是为顾客提供更好的产品。例如，止疼药必须能够止疼，如果吃了止疼药之后，头疼得更厉害了，就表明顾客没有获得利益，甚至感受到的是利益受损。很多失败的公司，就在于产品不行，或是无用、有害，但还想卖成"潮牌"，结果只能是花钱赚吆喝，至多是昙花一现。

二是为顾客提供更好的服务。虽然你提供的产品与竞争对手的是一样的，但是你提供的服务比竞争对手的好，顾客就会感知到你提供的产品也比竞争对手的好，这在心理学中称为"光环效应"或"晕轮效应"。营销组合各要素之间存在着相互的正向的晕轮效应。例如，海底捞火锅店创始人张勇在四川简阳开设第一家火锅店时，基于朴素的理念——"顾客到我店里花钱吃火锅，我理应对顾客好"，因此服务热情周到。顾客用餐后,张勇问顾客:"火锅怎么样?"顾客说:"太好吃了,我从来没有吃过这么好吃的火锅!"顾客之所以有这样的感受,除了火锅好吃之外,还有一个重要的原因,就是服务好大大提升了火锅好吃的感知度。因此,后来海底捞就走向了以"服务好"为定位(诉求)点的道路。

三是为顾客提供更好的分销。这是指顾客获得与消费产品和服务的接触点位置以及环境不同,愿意支付的价格也不同。例如,一听可乐,顾客在街边的小摊上购买,愿意支付2元钱,但是到了五星级酒店,还是这听可乐,顾客愿意支付20元,价格相差10倍,这就是顾客接触点或分销终端创造的利益或价值。自然,一个小吃店在厕所旁边卖包子,肯定卖不出高价。即使在同一个大场景中,不同小场景也会创造出不同的利益,比如赏芭蕾、观京剧、听音乐、看比赛时,对于场馆中不同的位置,顾客愿意支付的价格也不同。

四是进行更好的传播与沟通。这里主要是指广告和公关活动,它们都会增加顾客获得的利益。多年以前,北京一个中学的校长请我去给孩子们讲营销,讲到传播可以增加顾客利益时,我举起了手边一瓶娃哈哈矿泉水,问:"同学们,娃哈哈的形象代言人是谁?"同学们回答:"王力宏!"

我接着问:"你们买不买?"有的同学说买,有的同学说不买。我再问:"假如我把形象代言人换成周杰伦,但是每瓶水要贵一毛钱,你们买不买?"同学们几乎异口同声地回答:"买!"这意味着,在当时,对于矿泉水这种产品,对于中学生这个群体来说,周杰伦能比王力宏给顾客带来更多的利益,而对于别的产品、别的顾客群体,王力宏可能比周杰伦给顾客带来的利益更多。形象代言人仅是传播的一个因素,传播还有广告语、画面、故事、情节、频次和时间段等因素,可见其对于顾客所获利益的影响。

2. 如何降低顾客支出的成本

成本不仅包括货币成本,还包括时间成本、体力成本和精力成本等。

谈到降低顾客支出的成本,人们容易想到的是降低顾客的货币成本,即省钱。采取直接降价的方式,或是采取发放优惠券、有奖销售、赠送商品等间接降价的方式,成为市场常见的营销策略。

如前所述,增加顾客价值的方法有一种是降低顾客支出的成本,不仅包括货币成本,还包括公司决策常常忽视的时间成本、体力成本和精力成本。这些成本的降低,与产品和服务有没有关系呢?当然有,提供更好的产品和服务会使这些成本大大降低。例如，一家医院提供非常有效的诊疗服务，这就可以让病人花费更少的时间、体力和精力再跑其他医院求医和问诊。这些成本的降低，与分销有没有关系呢？也是有的。例如，在商品短缺时代，北京只有王府井百货、东风市场（现东安市场）、东四人民商场（现隆福大厦）、西单商场四大商场商品较全，因此居民常常要到距离很远的四大商场购物，这样花费的时间成本、体力成本和精力成本大大增加。这些成本的降低，与传播有没有关系呢？也是有的。例如，一些广告或是夸大宣传，或是信息混杂，或是售卖的时空表述不清，都会增加顾客的时间成本、体力成本和精力成本。

通过分析我们发现：顾客价值是通过增加顾客获得的利益和降低顾客支出的成本实现的，而增加顾客获得的利益是通过产品（包括服务）、分销和传播三个营销组合要素实现的；降低顾客支出的成本是通过产品（包括服务）、价格、分销和传播四个营销组合要素实现的。除了价格要素之外，其他要素都有增加顾客获得的利益和降低顾客支出的成本双重作用。那么，我们开始关注价格除了具有降低顾客支出的成本的作用之外，能不能增加顾客获得的利益呢？答案是肯定的。当顾客无法判断产品和服务的好与不好时，通常用价格来判断，认为高价的商品具有更高的可信度，低价会增加人们的怀疑感。例如，一些奢侈品品牌的价格，每年平均递增 5%～10%，这样会一直奖励已经购买的顾客，让他们感到获得了更多的利益。

由此我们得出结论：无论是增加顾客获得的利益，还是降低顾客支出的成本，都无非是产品（包括服务）、价格、分销和传播四个营销组合要素的组合（见表 2-2）。

表 2-2　增加顾客价值的途径

增加顾客获得的利益	降低顾客支出的成本
产品（包括服务）：提供更好的产品	货币成本：直接降价和间接降价
价格：制定适当的价格	时间成本：产品（服务）、分销和传播
分销：提供更好的空间及环境	体力成本：产品（服务）、分销和传播
传播：实施更好的广告和公关	精力成本：产品（服务）、分销和传播

实现顾客满意的方法

顾客满意是顾客对某一种产品和服务的期望，与购买和使用该产品和服务的实际感知效果的比较。当顾客的实际感知效果好于期望时，就会感到非常满意；当顾客的实际感知效果等于期望时，就会感到基本满意；当顾客的实际感知效果次于期望时，就会感到不满意（见表 2-3）。㊀

㊀ Susan Fournier, David Glenmick. Rediscovering Satisfaction［J］. Journal of Marketing, 1999, 63（4）: 5-23.

表 2-3　顾客满意的三种结果及评价

感知效果和期望之间的关系	结果	评价
感知效果好于期望	非常满意	很好
感知效果等于期望	基本满意	较好
感知效果次于期望	不满意	不好

由表 2-3 可知，要实现基本满意和非常满意的目标，只有两种方法：提升顾客的实际感知效果，或是降低顾客的预先期望。这应了一句俗语："没有期望，就没有失望。"不过也有研究证明，提升顾客的期望，有时也可以提升顾客感知效果。

1. 如何提升顾客的实际感知效果

顾客实际感知效果，是指顾客购买和使用产品与服务时对效果的感知，包括属性、利益和价值等多个维度。感知效果的高低与增加顾客获得的利益是一样的，通过产品（包括服务）、价格、分销和传播四个营销组合要素的组合来实现的。

2. 如何降低顾客的期望

顾客的期望，是指顾客在购买和使用之前对产品和服务的想象和期待的效果，自然也包括属性、利益和价值等多个维度。通过分析我们发现，期望的高低仍然离不开营销组合的四个基本要素——产品（包括服务）、价格、分销和传播的组合。

首先，产品会影响顾客的期望。一个精美的包装、一个闻名世界的商标，会提升顾客的期望；相反，一个简素的包装、一个默默无闻的商标，会降低顾客的期望。包装、商标都是产品的外在属性（内在属性为原料、工艺和外观形态），这说明产品的外在属性在购买和使用之前都可以被看到，会影响顾客的期望。明星越有名，人们对他们的期望就越高，嫉妒心也越强，因此他们稍微有"出格"的举动，就可能倏然陨落，这种例子不胜枚举。这表明"商标"知名度和美誉度，会影响人们的期望水平和嫉妒的程度。

其次，价格会影响顾客的期望。高价往往会提升顾客的期望，相反，低价可以降低顾客的期望。例如，目前市场上的 MBA 学费，知名商学院高达 50 万元，普通商学院只要 5 万元。花 50 万元学费的同学自然对商学院的师资、课程、校友资源、教室等有着更高的预期，而花 5 万元学费的同学则对上述条件有着较低的预期。这几年出现了顾客拉着知名品牌的汽车游街的现象，就是由于顾客花了上百万元的价格却买到了频繁出问题的汽车，太过失望而采取的过激行为。

再次,分销会影响顾客的期望。豪华、典雅的场所常常会提升顾客的期望,相反,简陋、杂乱的场所会降低顾客的期望。例如,人们在北京潘家园旧货市场买了一个文物复制品通常不会失望,因为人们知道那里很少有真文物,相反,如果人们在拍卖市场买了一件文物复制品,通常会很失望,这源于人们对拍卖市场上真品的预期大大高于潘家园旧货市场。又如,你在早市地摊上买了一个爱马仕的包,即使是假的,也不会太失望,但是如果在巴黎郊区街上的爱马仕旗舰店买了一个假包,则会大大失望,这是源于你对爱马仕旗舰店有更高的期望。

最后,传播会影响顾客的期望。广告和公关活动可以提升品牌的知名度和美誉度,因此也常常提升了顾客的期望。例如,农夫山泉的广告语"我们不生产水,我们只是大自然的搬运工",使顾客期望农夫山泉是天然纯净的水,这是对产品属性的期望。又如,王老吉凉茶的广告语"怕上火,喝王老吉",使顾客期望王老吉真的可以预防上火,这是对产品利益的期望。再如,戴比尔斯钻石的广告语"钻石恒久远,一颗永流传",使顾客期望戴比尔斯钻石首饰能带来"爱到永远"的好运,这是对精神价值的期望。绝大多数品牌都在提高顾客的期望,如果能将顾客的实际感知效果提升得更高，便是合理的，因为这样可以实现顾客满意，否则就会带来顾客不满意。当然，也有个别公司有意降低顾客期望，例如早年爱多电器的广告语"我们一直在努力"，又如飞利浦曾经推出广告语"让我们做得更好"，这些都是留有余地的传播策略。

由此我们可以得出结论：实现顾客满意的目标无非是增加顾客获得的利益，以及降低顾客支出的成本，而无论是增加顾客获得的利益，还是降低顾客支出的成本，都无非是通过产品（包括服务）、价格、分销和传播四个营销组合要素的有效组合来实现（见表2-4）。

表2-4 提高顾客满意的途径

提升顾客的实际感知效果	降低顾客的期望
产品（包括服务）：提供更好的产品	产品：低调的商标和包装
价格：尽量提高价格	价格：尽量降低价格
分销：有意提供高档的接触场所	分销：有意提供一般的接触场所
传播：有意进行高调的宣传	传播：有意进行低调的宣传

这样，我们就可以得出一个结论：想要持续健康地增加销售额，需要持续地实现顾客价值和顾客满意，而无论是实现顾客价值还是顾客满意，都无非是通过产品（包括服务）、价格、分销和传播四个营销组合要素的有效组合来实现（见图2-1）。

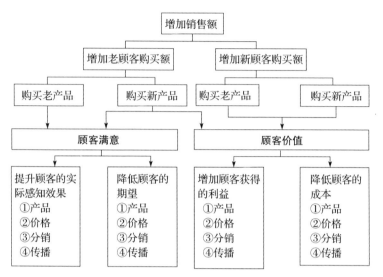

图 2-1 解决销售额增长停滞问题的路径图

实现顾客价值和顾客满意之间的平衡

有趣的是，无论是顾客价值还是顾客满意，在本质上都是顾客的一种心理感觉，并非与实际情况完全匹配。这一点常常被人们忽略，但是它为我们提供了两个方面的重要营销思考。

1. 公司需要在顾客价值和顾客满意之间找到一个平衡点

让顾客感到值，他们才会购买，这个"值"是顾客购买之前的心理感觉，因此必须在顾客购买之前通过广告诉说品牌如何好。在一般情况下，广告说得越好，顾客感到越值，同时顾客期望也越高，顾客满意也就变得越困难，重复购买也就越难实现。

> 1994年巨人集团推出了保健品"脑黄金"，轰炸式地播放广告"让一亿人聪明起来"，初期在提升顾客感知价值的同时带来了销售额的快速增长，但是由于广告大大提升了顾客的期望，加之1995年1月该广告被禁播，使诸多顾客购买和使用后并不满意，导致重复购买率很低，没多久脑黄金产品就在市场上销声匿迹了。

近几年这种营销现象屡见不鲜，一些互联网公司为了争夺流量，初期靠低价销售、送礼销售、补贴销售，提升了顾客价值，但是没多久就提高价格、停送礼品、取消补贴，令许多顾客很失望，进而变得不满意，从而减少或停止购买，于是公司陷入困境。那么，是否应该一味地降低顾客期望呢？也不是。降低顾客期望的前提是保证顾客感到物有所值。这意味着要在实现顾客价值和顾客满意之间寻求一个平衡点，顾客感到不值肯定也不会满意，但物超所值太多也容易带来不满意的后果。

可见，知名度不是越高越好，那么美誉度是不是越高越好呢？几乎每个人都是肯定的答案。其实，也不是。因为知名度和美誉度无限制地提高，只会大大提高顾客的期望，为顾客不满意埋下"坏"的种子，因此知名度和美誉度有时需要提升，有时需要抑制，过低不好，过高也不好，适度为佳。在当今营销界一味主张提高知名度和美誉度的情境下，抑制策略显得尤为重要。知名度和美誉度过高，会使品牌商飘飘然，觉得被万人拥戴，说话、办事变得过于自信、随意甚至嚣张，这难免会出错。而过高的知名度和美誉度，就像高倍的放大镜一样，夸大了它们的缺点和错误，危机公关部分失灵，诸多品牌商就因为一句话或一件事而身败名裂，并连累相关品牌。品牌类似事件有"三聚氰胺事件""苏丹红事件""瘦肉精事件"等，大多是如此结果。这除了不该犯错误之外，还有就是由于知名度和美誉度太高了，"双高"一方面使品牌商飘飘然容易说错话、办错事，另一方面所犯错误容易被放大，在巨大舆论压力之下被严肃处罚。

2.公司需要将降本思维转化为增值思维

顾客价值和顾客满意是顾客的心理感知，这意味着顾客在进行购买决策时要的是心理感知，换句话说，要的是感觉；公司营销的目的除了社会责任之外，要的是真金白银，换句话说，要的是利润。显而易见，两者要的不是一个东西。但是长期以来，公司在营销过程中常常将公司利润的增加建立在顾客利益减少的基础之上，将顾客利益的增加建立在公司让利的基础之上，因此市场上流行降价促销、发放补贴、提供赠品和有奖销售等方式，此做法实际上是陷入了误区。公司营销的关键不是让利，而是如何花较少的钱，让顾客感到更值和更满意。

事实证明，公司的营销支出与顾客价值和顾客满意之间并非天然就成正比例关系。我们在大学里常常会观察到一种现象，一位男生喜欢一位女生，会对这位女生说："我喜欢你，咱俩交朋友吧！"如果女生是一位看重金钱和物质的人，就会比较简单，满足她就可以了。但是，通常是另外一种情况，女生会说："对不起，我对你没感觉！"后来男生穷追不舍，常常送东西给女生，女生不仅没感觉，而且产生了厌烦情绪。这位女生喜欢班上另外一位不善言辞与她比较疏远的男生，她会把自己喜欢的东西送给这位男生，因为她对这位男生有感觉，而不是因为这位男生能给她很多财物。这个例子说明，公司营销需要通过营销组合四个要素的有机组合，让顾客感受到公司品牌的好，对它产生偏爱，进而愿意溢价购买该品牌的产品和服务，而不是直接"送钱"给顾客，相反，顾客喜爱你的品牌，就会

"送钱"给你。市场上的交易规则,永远是"买者出钱,卖者出货",为何流行起来"卖者只出货不要钱,甚至卖者出货还出钱"了呢?这值得大家深刻反思。

从营销到营销管理再到有效营销管理

由前述可知,持续健康地增加销售额,需要持续地实现顾客价值和顾客满意,而实现顾客价值和顾客满意需要对产品(包括服务)、价格、分销和传播四个要素进行完美或有效的组合。那么如何才能做到这四个要素的完美或有效组合呢?这就需要进行有效的营销管理,而理解有效的营销管理,首先要理解"营销"和"管理"这两个词。

如果问大家什么是营销,或许会有 10 种回答;如果问大家什么是管理,也会有各种各样的回答。虽然我们从事着营销工作,但或许并不清楚什么是营销;虽然我们从事着管理工作,但可能并不知道什么是管理。

1. 什么是营销

营销的核心是产品(包括服务)、价格、分销和传播四个要素的组合。这四个要素如何组合,取决于目标顾客是谁、营销定位点在哪里。关于"什么是营销",学者有学术性的定义，通俗地说就是，在营销研究的基础上，选择目标顾客，进行营销定位，然后根据目标顾客和营销定位，进行产品（包括服务）、价格、分销和传播四个要素的组合。

人们对这种解释理解得并不是很清楚。在我的营销管理课堂上，经常有公司总裁问："李老师，我们的销售业绩为什么一直不好？"我问他："你营销了吗？"他回答："营销了。"我问："目标顾客是谁？"他回答："谁买就是谁。"他显然没有进行目标顾客选择。有的总裁说："我选择了目标顾客。"我问："你们进行营销定位了吗？"他回答："进行了。"我问："定位点在哪里？"他回答："白领女士。"错，"白领女士"是目标顾客，营销定位是要给目标顾客一个选择和购买的理由。他显然没有进行营销定位。当然，产品（包括服务）、价格、分销和传播四个组合要素，每个都不能少。重复一下，在营销研究的基础上，选择目标顾客，进行营销定位，然后根据目标顾客和营销定位点，进行产品（包括服务）、价格、分销和传播四个组合要素的组合，这叫营销。缺少其中任何一项内容，都不是营销的全部，或者说，不是完整的营销，这样怎么会有好的效果呢？

2. 什么是管理

有一位总裁跟我说:"李老师,您说的营销我都做了,为什么效果还是不好?"我问:"你们管理了吗?"他回答:"我们天天都在忙着管理。"我问:"你们有包括目标、目标顾客、营销定位、营销组合策略在内的营销计划书吗?"他回答:"没有。"连营销计划书都没有,何谈管理!什么是管理?管理过程学派有着学术性的定义,通俗地说,管理就是分析、计划、组织、实施和控制,简单地说就是分析、计划和实施,即在分析的基础上制订计划,然后实施这个计划。人力资源管理,是对人力资源的分析、计划和实施;财务管理,就是对资金活动的分析、计划和实施。

3. 什么是营销管理

为了取得更好的营销效果,必须实施营销管理。然而,人们越熟知的词语,越容易被误解,缘于人们习惯通过感觉和经验等常识来理解这个词汇,而非探究它本来的含义,"营销管理"就是这样一个词语。其实准确理解营销管理并不难,它只不过是由"营销"和"管理"两个词语叠加而成,弄清楚了两个词语单独的含义,并将其叠加在一起,就是营销管理的含义了。

由前述可知,营销就是以实现利益相关者的利益为目标,选择目标顾客、确定营销定位点,以及围绕目标顾客和营销定位点,进行产品(包括服务)、价格、分销和传播等四个要素组合的过程;管理则是为了实现一定的目标,对个人或组织的行为进行分析、计划和实施的过程。因此,营销管理就是为了实现利益相关者利益的目标,对"目标顾客选择、营销定位点确定、产品策略、价格策略、分销策略、传播策略"的分析、计划和实施的过程。我们曾经将这个过程用一个框架模型表示出来(见图2-2)。㊀

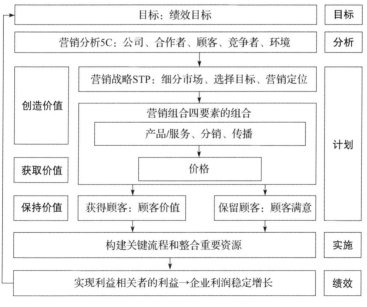

图2-2 营销管理框架

㊀ 李飞. 营销定位[M]. 北京:经济科学出版社,2013:19.

一家银行推出一款理财产品,总行对这款理财产品进行分析了吗?一般会进行分析,银行是最善于进行数据分析的。但是分析之后,总行是否编制了一个包括目标顾客选择、营销定位以及四个要素组合的营销计划书呢,十之八九没有,总行仅是把这款理财产品的产品描述和任务完成指标给分行了。在这种情况下,分行乃至支行能做的是什么,还是营销吗?显然不是,至多只是销售而已。因此,效果不好也是非常正常的现象。分析的目的是编制营销计划书,实施的蓝本是营销计划书,如果连营销计划书都没有,分析的目的消失了,实施的蓝本也没有,何谈营销管理!

我们对这个框架进行简单的说明:营销管理的第一步,确定公司的营销目标,明确要达到的绩效(包括财务绩效和社会贡献绩效等);第二步,进行营销分析,包括宏观环境(政治、经济、法律、文化、自然和技术等)和微观环境(公司自身、合作者、顾客和竞争者);第三步,制订营销计划,包括选择目标市场,营销定位,以及进行产品(包括服务)、价格、分销和传播四个组合要素的策略组合等内容;第四步,实施营销计划,包括构建关键流程和整合重要资源,保证计划的有效实施;第五步,保持价值,通过实现顾客价值和顾客满意,实现利益相关者的利益以及企业的长期利润，同时，目标的实现程度又会影响营销目标的调整。

为便于大家理解和记忆，我在 2005 年曾经把营销管理比喻为双手十指，提出了"十指营销"的概念（见图 2-3）。㊀

图 2-3　十指营销图示

右手是营销战略，确定营销管理的战略目标。从大拇指的市场研究开始，市场研究完了以后，到食指的市场细分；市场细分以后，到中指的选择目标顾客；选择目标顾客以后，到无名指的目标顾客细分；目标顾客细分以后，到小拇指的营销差异化定位，给出顾客选择的理由。右手营销战略的核心决策就是目标市场选择和营销定位点的

㊀ 李飞. 十指营销［M］. 北京：清华大学出版社，2005：105.

确定。

左手是营销战术,确定营销管理的策略方法。从大拇指的产品策略开始,让目标顾客享受到好的产品;接着是食指的价格策略,让目标顾客买得起;好的产品,顾客可能买得起,但可能买不到,因此还需要通过中指的分销策略,将产品送到目标顾客手中;好的产品、合适的价格,也送到了目标顾客的手中,但是顾客可能不喜欢,因此还需要通过无名指的传播(沟通)策略,把产品的品牌形象送到目标顾客的心中,让他们产生偏爱;最后,还需要通过小拇指的执行策略完成上述计划。

右手大拇指的市场研究是分析,左手小拇指的执行策略是实施,其余八个手指是计划,十指营销仍然是分析、计划和实施的管理过程,缺一不可。如果营销者没有进行目标顾客选择、营销定位,只进行了四个要素的组合,等于右手整个残废了,就如同在赛场上搏击,用一只手跟人家双拳去竞争,失败的概率很大。如果营销者仅采取单一降价的策略,就如同于用一个手指头跟人家双拳去搏击,怎么能打得过呢!何况营销者又练不成一指禅,一指禅也需要整只手攥成拳头,那一指才有力量。

有几次我讲完课之后,有一些同学给我发邮件:"李老师,听了您的课,我们收获挺大的,特别是对您的五指营销印象深刻。"我有些不解,上课时反复强调是十指营销,仍然有很多同学记成了五指营销,而且不止一个同学,我就给他们回邮件问:"我们讲的是十指营销,为什么很多同学都记成五指营销?"一个同学给我回了邮件,他说:"李老师,这说明两点,第一点是学生学得不精,以后要跟老师好好学习;第二点说明学生跟老师相比,总是差一手的嘛!"我不希望同学们听完逻辑营销管理课后,还跟我差一手。再见到"营销管理"这四个字时,要马上想到双手十指,缺少一指就是残障,缺少多指就是严重残障,营销效果不可能好。

当然,即使实施了营销管理,也有可能效果不好,我们需要实施有效的营销管理。可见,没有营销不行,有营销没管理不行,有了营销管理也不一定行,还要进行有效的营销管理。

◀ 小 结 ▶

我们总结一下第 2 堂课的内容。首先,我们讲了什么是顾客价值,顾客价值是顾客购买某一种产品和服务所支出的成本,与所获得或使用该产品和服务所带来利益的比较。其次,我们讲了什么是顾客满意,顾客满意是顾客对某一种产品和服务的期望,与购买和使用该产品和服务的实际感知效果的比较。接着,我们讨论了如何实现顾客价值和顾客满意。实现顾客价值,通过增加顾客获得的利益和降低顾客支出的成本两种路径来实现。实现顾客满意,通过降低顾客的期望和提升顾客的实际感知效果来实现。无论是增加顾客获得的利益,还是降低顾客支出的成本,无论是提升顾客的实际感知效果,还是降低顾客的期望,都是通过产品(包括服务)、价格、分销和传播营销组合四个要素的有机组合实现的。这四个要素究竟该如何组合呢?这就需要进行营销管理,即对目标顾客选择、营销定位点确定,以及营销组合四个要素的组合进行分析、计划和实施。

最后,我们给大家归纳出第 2 堂课价值千金的一句话:**要持续地实现顾客价值和顾客满意,唯一的路径就是实施有效的营销管理,即选择目标顾客、确定营销定位点,以及对营销组合四个要素的组合进行分析、计划和实施。**一家公司、一个品牌、一个人,都是如此。

◀第 3 堂课▶

什么是逻辑营销管理

本章要点

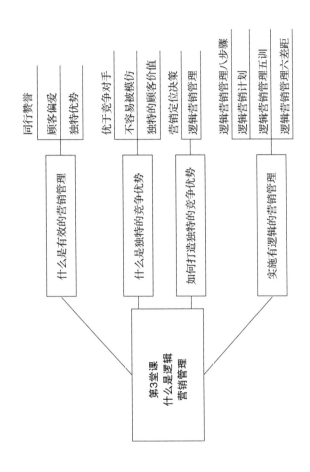

在第 2 堂课中我们谈道：通过有效的营销管理，才能实现顾客价值和顾客满意。那么什么是有效的营销管理呢？其实就是有逻辑的营销管理，简称为"**逻辑营销管理**"。因此，在第 3 堂课，我们讨论的内容为：什么是逻辑营销管理。营销者实施了营销管理，也花了很多的时间、精力和金钱，但是如果违背了营销的逻辑，效果也不会好。因此，成功的营销管理，就是有效的营销管理；有效的营销管理，就是有逻辑的营销管理。在第 3 堂课，我们讨论四个问题：一是什么是有效的营销管理；二是什么是独特的竞争优势；三是如何打造独特的竞争优势；四是实施有逻辑的营销管理。

什么是有效的营销管理

有效的营销管理，其中的关键词是"有效"。"有效"的含义是，通过营销管理直接增加销售额和利润，以及提升品牌声誉和形象，这是直接效果，或者说是短期效果；同时，还会带来间接效果，或者说是长期效果，就是持续地增加利益相关者的利益。间接效果和长期效果是建立在直接效果和短期效果基础上的。要达到前述的"有效"目标，需要品牌具备三个特征：同行赞誉、顾客偏爱、独特优势。

1. 同行赞誉

这是从行业视角来看的,无论是竞争对手还是合作伙伴,都对你这个人或你们公司交口称赞,甚至认为你是一个优秀和卓越的人,你们公司是一家优秀和卓越的公司。如果通过营销管理赚了很多钱,但不是建立在公平竞争基础上的,而是建立在垄断基础上的,或者是建立在行贿受贿基础上的,或者是建立在靠胁迫手段打压竞争对手基础上的,都会伤害利益相关者的利益,不会达到令同行赞誉的效果。

2. 顾客偏爱

这是从顾客视角来看的,产品和服务能给顾客带来独特的体验。通过营销管理,让顾客感知到产品和服务独特的、令人惊喜的价值。通过营销管理,虽然营销者一时间赚了很多钱,但是,如果不是建立在顾客获得了真正独特的感知价值的基础上,如虚假打折、以次充好、扩大宣传等,就不能真正受到顾客的偏爱和喜欢。

3. 独特优势

这是从综合视角来看的,无论是令同行赞誉还是令顾客偏爱,都必须具有独特的竞争优势,换句话说,竞争优势是真正获得同行赞誉和顾客偏爱的关键原因,因此最终决定着一个人、一个品牌和一家公司的成败。曾经拥有过竞争优势,只能说明曾经的成功,并不能保证持久的成功,持久的成功需要持续地保持竞争优势,这大多是通过创造新的竞争优势来实现的。

什么是独特的竞争优势

有效的营销管理,一个重要的标志就是形成独特的竞争优势。什么是独特的竞争优势呢?独特的竞争优势,是指营销者向顾客提供的优于竞争对手、不容易被模仿的独特的顾客价值。要想形成独特的竞争优势,这三个特征是缺一不可的。

1. 优于竞争对手

这个好理解,就是比竞争对手表现得更好,换句话说,就是实现优于竞争对手的顾客价值和顾客满意。当然,这不是指在各个方面都优于竞争对手,因为实现顾客价值和顾客满意并不需要如此。例如,观众在观看一部电影时,并不要求演员都英俊漂亮、演技超群、多才多艺、声誉极高、热心公益等,或许在一两个方面出众就可以了。

2.不容易被模仿

容易被模仿的都不是竞争优势。比如,一家大型综合超市在周末会进行降价促销,这是不是竞争优势呢?不是!因为其他大型综合超市很容易模仿,也可以在周末降价促销。沃尔玛天天低价,是不是竞争优势呢?是!因为它不容易被模仿,是建立在后台低成本运营系统的基础上,而后台低成本运营系统不是一两天就能建立起来的。一家公司没有建立后台低成本运营系统,也天天追求低价,不断地给顾客发红包,只能是赔钱赚吆喝,这样的公司有些资金链已经断裂,有些已经倒闭,有些还在苦苦地挣扎。

3.独特的顾客价值

顾客价值一定是能让顾客感知到的,顾客感知到的东西无非是产品(包括服务)、价格、分销和传播四个组合要素的组合。通俗地说,竞争优势就是在营销组合的四个要素中,有一方面做得比竞争对手好,同时不容易被竞争对手模仿。如果有,就意味着品牌有了竞争优势,公司可以健康地发展;如果没有,品牌就会被边缘化,公司就会面临相应的困境。

如何打造独特的竞争优势

由前述可知，独特的竞争优势就是顾客感知到的优于竞争对手的独特价值。尽管"竞争优势"一词常用于战略管理环境下，但是战略管理并没有将其真正落地，因为顾客的感知都是通过品牌与顾客的各个接触点形成的。这就意味着，竞争优势落地的重任只能由营销管理来承担。

营销管理中，营销定位的过程，就是确定并实现优于竞争对手的价值。这意味着，战略管理中独特的竞争优势，并不是通过战略管理形成的，而是通过营销定位来实现的。

那么，什么是营销定位呢？营销定位与定位（广告定位）、产品定位、市场定位、品牌定位的概念有些差异。

早在20世纪70年代初，里斯和特劳特就将"定位"一词引入广告领域，可以理解为"广告定位"，强调的是在进行广告传播时，需要给产品一个定位。他们给定位下了一个定义：它是一个产品在目标顾客心目中占据独特位置或形象的行动。与此相伴，出现了"产品定位"的概念，这种定位是给产品的，但又不是对产品本身做出改变，而是在目标顾客的头脑中给产品定位，其局限性在于定位似乎只能用在产品这一要素上，其实服务、价格、分销和传播等也可以进行定位。后来，还曾经流行"市场定位"的说法。这个词容易引起人们的误解，它常常被理解为目标顾客的选择，如定位于中产阶级家庭、定位于收入较低的中老年人等。再后来，进化为"品牌定位"的概念，这进一步扩大了定位的应用空间。

我们提出"**营销定位**"的概念。借用已有的定位的概念，营销定位是指在目标顾客的心目中占有独特位置的营销行动，是营销管理的重要内容之一，其结果是在目标顾客的心目中形成正向的差异化形象。在这个概念中有两个关键词。第一个关键词是"目标顾客"，定位不是针对所有顾客，而是针对目标顾客，包括潜在的目标顾客和现实的目标顾客。在过去商品短缺的时代，一家商场恨不得满足所有人的所有需要；在今天市场竞争异常激烈和需求极度个性化的时代，一家公司、一个品牌不能满足所有人的所有需要，也不能满足一部分人的所有需要，也不能满足所有人的一部分需要，而是只能满足一部分人的一部分需要。第二个关键词是"占有独特位置"，就是我们通常所说的正向的差异化形象。目标顾客说起你们公司或你们公司的品牌时，说不知道，那肯定不会有好的营销效果。目标顾客说知道，但是好在什么地方呢？是服务好，还是产品好，还是价格低？说不清楚，这等于没有实现营销定位点，也不会有理想的营销效果。总之，营销定位就是在目标顾客的心目中树立一个正向的差异化形象的营销行动，其结果就是在目标顾客的心目中占有独特的位置。

实施有逻辑的营销管理

由前述可知，有效的营销管理就是形成竞争优势的营销管理，而形成竞争优势的营销管理就是选择和实现营销定位点的营销管理。那么如何选择和实现营销定位点呢？经过多年的研究，我们发现必须实施有逻辑的营销管理。

1. 逻辑营销管理框架

在营销实践当中，我们不断有新的发现：①早期我们发现没有完成确定目标、目标顾客选择、营销定位，以及营销四个要素组合的全部营销内容，营销效果肯定不理想；②后来我们发现，即使完成了营销的全过程，但是没有完成分析、计划和实施的全部管理内容，营销效果也不会理想；③今天我们又发现，许多公司完成了营销管理的全部内容，仍然没有取得理想的效果，究其原因，就是在营销管理的各个环节之间没有形成清晰的逻辑关系，因此我们提出"逻辑营销管理"的概念。

逻辑营销管理，虽然是一个新的词语，但是它是由几个旧的词语叠加而成，具体地说是由"逻辑"+"营销"+"管理"构成，简单地说是由"逻辑"+"营销管理"叠加而成。因此，了解了这几个词语的含义，大体就能回答什么是逻辑营销管理了。前面我们已经讨论了"营销管理"的概念，接下来我们再分析一下"逻辑"的概念。

谈到"逻辑"一词，有着许多抽象的解释，我们不想陷入无谓的争论之中，因此回归到日常生活中的理解。在日常生活中，我们听到较多的说法是"你说的没有逻辑"，或者"你的文章没有逻辑"等，换一种比较严重的说法是"逻辑混乱"。这里的逻辑通常是指"先后顺序""因果关系""符合规律"。先后顺序是逻辑的外在表象，因果关系是逻辑呈现的内容，规律是逻辑反映的本质。尽管"逻辑"一词通常用于语言的表达，但是它同样可以用于修饰行为。

有逻辑，如果用于修饰语言，就意味着某人的讲话或文章先后顺序恰当，因果关系清晰，符合事物自身的规律，结果是意思表达得言简意赅；否则相反，就意味着先后顺序不当，因果关系混乱，违背了事物自身的规律，结果是意思表达得令人费解。同理，有逻辑，如果用于修饰行为，就意味着某人的行为或做法先后顺序恰当，因果关系清晰，符合事物自身的规律，结果是事半功倍；否则相反，就意味着先后顺序不当，因果关系混乱，违背了事物自身的规律，结果是事倍功半。

总之，我们这里界定的"逻辑"概念，是指一个人或组织的言语或行为的先后顺序恰当、因果关系清晰、符合事物自身规律的程度。正向评价为有逻辑，反向评价是没逻辑。

由此我们可以归纳出逻辑营销管理的概念，它是指营销者为了实现利益相关者的利益的目标，在对"目标顾客选择、营销定位、产品策略、价格策略、分销策略、传播策略"的分析、计划和实施的过程中，各个环节和步骤先后顺序恰当，因果关系清晰，符合营销管理自身的规律。

在这个逻辑营销管理的定义，以及如图2-2所示的营销管理框架、营销定位模型的基础上，我们可以建立一个逻辑营销管理框架（见图3-1）。

通过这个框架图，我们可以发现逻辑营销管理包含三大部分内容。第一部分是营销内容，具体包括：①选择目标顾客；②确定营销定位点；③进行营销四要素的组合。

第二部分是管理内容，具体包括：①分析，涉及政治、经济、法律、文化、技术、自然等宏观环境，以及顾客、竞争对手、合作伙伴和自身环境等内容的研究；②计划，涉及明确营销目标、选择目标顾客、确定营销定位点、进行营销的四个要素的组合，以及实施等内容；③实施，涉及构建关键流程和整合重要资源等内容，以及具体实施控制过程。

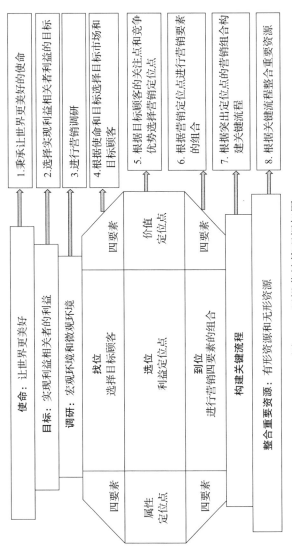

图 3-1 逻辑营销管理框架图

第三部分是逻辑内容，具体包括：①确定让世界更美好的使命；②选择实现利益相关者的利益的目标；③进行营销调研；④根据使命和目标选择目标市场和目标顾客；⑤根据目标顾客的关注点和竞争优势确定营销定位点；⑥根据营销定位点进行营销要素的组合；⑦根据突出定位点的营销组合构建关键流程；⑧根据关键流程整合重要资源。

2. 逻辑营销管理计划的五个性质

由前述可知，逻辑营销管理包括分析、计划和实施三个基本环节。计划的完成形态是营销计划书。在评价一个营销计划书时，营销决策团队常常发生争论，"公说公有理、婆说婆有理"，究其原因，就是缺乏大家认可的评价标准。为此，我们曾经提出营销计划书的五个评价标准，简称"五个性质"，它对于逻辑营销管理计划书的评价也是完全适用的，因此我们引述于此（见图3-2）。㊀战略学家明茨伯格认为，管理具有科学性、艺术性和手艺性三个性质。㊁营销管理也是管理，同样具有这三个性质，因此至少要从这三个方面来评价营销计划书的优劣。同时，我们还要考虑计划书被实施后的结果，包括财务结果和形象结果。

㊀ 李飞. 营销定位 [M]. 北京：经济科学出版社，2013：46.
㊁ 明茨伯格. 管理者而非MBA [M]. 杨斌，译. 北京：机械工业出版社，2006：92.

这样就可以提出一个衡量营销管理计划书优劣的指标体系，包括科学性（数字性和逻辑性）、艺术性（创意性）、手艺性（经验性或可行性）、正向性（形象性）和效益性（盈利性）。

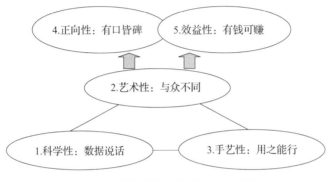

图3-2　评价营销计划书的五个标准

（1）**科学性**。它包括两个含义：一是营销决策要建立在数据分析的基础上，不能仅凭感觉和经验，在大数据时代这一点变得愈加必要和可能；二是营销计划书的各项内容要齐备，包括营销目标、营销研究、目标顾客选择、营销定位、营销要素组合以及实施等，同时这些步骤之间要形成清晰的逻辑关系，也就是要符合我们提出的逻辑营销管理框架。

（2）**艺术性**。它也可以理解为感觉性。艺术品来源于艺术家的创作，艺术家的创作不是凭科学，而是凭感觉，这种感觉的结果形态就是创意。营销管理计划要有创意，要与众不同，有了创意，就不需要花很多费用去宣传，良好的大众口碑有助于传播。

例如，在2001年情人节的时候，由法国音乐家弗雷德里克·巴隆（Frédéric Baron）发起，巴黎蒙马特高地的街心公园修建一面爱情墙，很多去巴黎旅游的情侣都会到爱情墙前合影留念，并在此海誓山盟，这很快成为一个新闻事件，得到广泛传播，吸引了大批游客，这是创意的结果。爱情墙的创意之一，是将这面墙命名为"爱情墙"，成为情侣群体的爱情打卡地，不用花钱做广告，口碑传播就够了；爱情墙的创意之二，是在这面墙上用311种语言写上了同样一句话——我爱你，这非常令人震撼，会触动人们特别是情侣们的心灵。

通常花很多钱才能解决的问题，一般都是缺乏创意的结果，有了创意，就会增加艺术感，就会产生溢价并形成自动传播。我们认为，不容易想到、不容易做到的创意，是死点子；容易想到、容易做到的创意，是差点子；不容易想到、容易做到的创意，是绝点子。

（3）**手艺性**。它也可以理解为经验性或可行性。营销管理计划书是科学的，也有创意，但是如果营销者经验不足，没有相应的实施能力，也不行，在这种情况下通常要修改营销计划书。做到具有手艺性，必须将创意与企业现有人力、物力和财力合理结合，并且落到实处。那种叫好不叫座、无法实现的创意不符合逻辑营销管理的原则。再好的创意，如果无法实施，只是启发人们的思路，就不会产生效益。

  有一则寓言故事恰好说明了这一点。传说老鼠为了防范猫的袭击，在一起开会商量对策，一只非常聪明的小老鼠提出了一个极具创意性的建议："给猫脖子上挂一只铃铛，猫一走过来，我们就会听到铃声，马上就跑。"一只年长的老鼠问道："谁去给猫挂铃铛呢？"结果，没有一只老鼠敢去。所以，小老鼠的建议只是一个无法实现的创意。

科学性是具有逻辑的，艺术性是能够感觉的，手艺性是具有经验的，所以优秀的管理是科学性、感觉性和经验性融合在一起的。社会上流行着一种说法："我们不应该进行感觉决策，也不应该进行经验决策，我们应该进行科学决策。"这句话说得对吗？不对。营销管理者的经验、感觉都是非常宝贵的，只是中国管理者的感觉决策、经验决策多了一些，而科学决策少了一些。解决的办法是在保留经验决策、感觉决策的基础上，适当增加科学决策的成分，这样管理者就会成为优秀的管理者。

（4）**正向性**。营销管理计划书除了必须符合科学性、艺术性和手艺性三个基本性质之外，还必须带来两个效果。其中之一是，给品牌带来的一定是正向的口碑和形象。在现实生活当中，有很多营销管理计划是光要知名度，不要美誉度，因而带来很多问题，甚至使自己的品牌面临困境。比如，演员通过炒作绯闻扩大影响，知名度是大大提高了，但并没有增加美誉度，反而增加了"丑誉度"，这是一件非常令人感到悲哀的事情。近年来，很多公司、品牌、企业家个人面临风险和困境的重要原因，就是领导人的知名度超越了公司和品牌的知名度，领导人违法、违背伦理道德的行为让公司利益受到极大损害。

因此，早在10年前，我就明确提出了"抑制品牌知名度"的观点。一是让该知道的人知道你，让不该知道的人不知道你。谁是该知道你的人，取决于你是谁。二是该让人知道的事让人知道，不该让人知道的事不让人知道。什么是该让人知道的事，依然取决于你是谁。"这两者是互相关联的，假如不该知道你的人知道了你，就容易导致不该让人知道的事被人知道；假如不该让人知道的事让人知道了，就容易导致不该知道你的人知道了你"。㊀该知道你的人，应该是你现有的目标顾客和潜在的目标顾客。实际上，抑制品牌知名度，就如同在战场上把自己隐藏在掩体里。军事战争中，人们容易有自我保护的意识，而商业战争中，人们往往忽视了这一点。

（5）**效益性**。营销计划书的实施除了要带来正向效果之外，还要带来效益性，就是使销售额增长的同时获得理想的利润。近些年，很多互联网公司拼命地给客户发红包，降低产品价格，客户流量短时间得以迅速增加，但公司一直在赔钱。这违背了营销的基本逻辑：使收入大于成本。

> 20多年前，北京有一家高档百货商场，一年花300万元做公交车车体广告，广告语是"豪华装修，大众价格"。当时北京百货商场的净利润率是百分之一二，这意味着投资300万元的车身广告费，需要带来1.5亿～3亿元的销售收入才能收回广告成本，但是这家商场并不是刚开业，广告语也是前后矛盾的，因此不会带来销售收入的提升。我跟这家百货商场的总经理熟识，就说帮他们进行营销策划，策划费用100万元。总经理说：

㊀ 李飞. 知名度贵在度［J］. 北大商业评论，2010（12）：22-25.

"费用太高了。"我说:"商场给我100万元,我让商场纯利润增加200万元。"总经理说:"行吧!"我开玩笑说:"策划方案就一句话,'明年车身广告别做了',那样就省了300万元,给我100万元,商场留下200万元。"这似乎是一个玩笑,但是类似事情几乎天天都在发生。看看那些电视广告,既没有触动顾客的心灵,也没有给目标顾客一个购买的理由,为什么要花那么多钱做广告呢?

所以,一个好的营销管理计划书一定符合五个标准:具有科学性、艺术性和手艺性等管理的三个基本性质,同时带来正向性形象和效益性收入两个效果。

3. 逻辑营销管理实施的五个训诫

这里的"训诫"不是教训的意思,而是告诫的意思。营销计划书在符合前述五个标准之后进入实施过程,实施过程包括的八个步骤要完成五个阶段性目标,我们称之为逻辑营销管理实施的五个训诫(简称"五训"):①第一训,确定美好的使命和目标;②第二训,选对目标顾客;③第三训,给目标顾客一个选择的理由;④第四训,让目标顾客感知到选择的理由是真实存在的;⑤第五训,使收入大于成本。

逻辑营销管理五训都做到了，就会成为令人赞赏和尊敬的人、公司和品牌。如果只做到了第二训到第五训这四条，没有确定美好的使命和目标，就意味着追求利润最大化极有可能损害利益相关者的利益，成为令人质疑的人、公司和品牌。如果做到了第一训到第四训这四条，虽然公司现在还处于赔钱的状态，但它是一个令人期待的公司，很快会走出困境。如果做到了中间三条，使命和目标不美好，而且还处于亏损状态，那么它会是一个受人抨击的公司。所以，一个公司成功，一定是这五训都做到了；一个公司和品牌失败，一定是这五训都没做到，或是仅做到了其中几条（见图 3-3）。

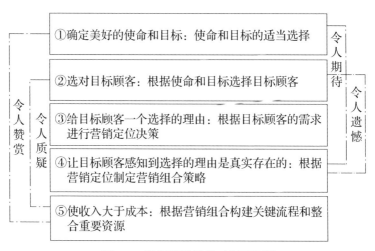

图 3-3　逻辑营销管理五训评价图

由图3-3可知,"五训"是实施逻辑营销管理的结果,这五个结果的实现程度是衡量一个人或一个组织成功度的一把尺子,只有五训都做到了,才是真正的成功。其中,实现"具有美好的使命和目标""使收入大于成本"这两条是不可缺少的,而其他三条是实现这两条的保障。

4. 逻辑营销管理的六差距模型

要实现逻辑营销管理的五个训诫,必须在实施逻辑营销管理的过程中进行控制。如前所述,个人或组织的目标是有层次的,这里我们可以将其分为最终目标、过渡性目标和阶段性目标。人生价值和组织的使命是最终目标,可以称为"大目标"。顾客价值和顾客满意、美好声誉、理想的销售额和利润额是过渡性目标,可以称为"中目标"。个人或组织是通过实现过渡性目标来实现最终目标的,过渡性目标也是有逻辑的,即在实现顾客价值和顾客满意的基础上,实现美好声誉,进而带来销售额和利润额的增长,从而更有利于实现人生价值和组织使命的最终目标。顾客价值和顾客满意,是通过逻辑营销管理实现的,而要使逻辑营销管理有效,需要弥合六大差异,这是阶段性目标,可以称为"小目标"。为此,我们建立了一个逻辑营销管理的六差距模型（见图3-4），[一]弥合这些差距是逻辑营销管理和逻辑营销管理五训的直接目的。

（1）什么是逻辑营销管理的六大差距。由图3-4可知，逻辑营销管理的六大差距，反映的是逻辑营销管理的八个步骤出现了不匹配的状况，也就意味着出现了不符合逻辑的问题，这些差距是逻辑营销管理需要避免的。例如：①在营销目标与组织使命之间出现了差距，通常是营销目标脱离了组织实现使命的要求；②在目标顾客与营销目标之间出现了差距，通常是由于目标顾客选择有误；③在营销定位点与目标顾客之间出现了差距，通常是由于营销定位点选择不当；④在营销组合策略与营销定位点之间出现了差距，通常是由于营销组合策略不当；⑤在关键流程与营销组合策略之间出现了差距，通常是由于关键流程构建不当；⑥在重要资源整合与关键流程之间出现了差距，通常是由于重要资源整合不当。

（2）为什么要弥合营销管理的六大差距。无论是从营销计划角度看，还是从营销诊断视角看，都必须弥合如图3-4所示的六大差距，因为这六大差距是评价逻辑营销八大步骤优劣的尺子。逻辑营销的八个步骤是环环相扣的，如同飞驰的列车要经过八个站点才能达到目标，中间的任何一个站点没有到达就意味着走入了岔道，跑得越快离目标越远，因为列车已经是南辕北辙了。

[一] 李飞. 全渠道零售设计［M］. 北京：经济科学出版社，2019.

第3堂课 什么是逻辑营销管理

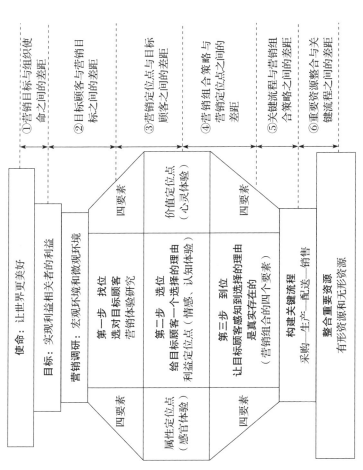

图 3-4 逻辑营销管理的六差距模型

营销者在进行营销计划时，要保证营销计划书的高质量，就需要避免前述六大差距，只要存在一个差距，营销目标就无法实现，因此这六大差距就成为评价营销计划书是否优良的尺子。同理，在进行营销诊断时，如果一个人或一个组织没有实现目标，一定是存在着六大差距中的一个、多个甚至全部，因此，逻辑营销管理的六差距模型，可以作为营销者进行营销诊断的分析图。我们梳理出来的逻辑营销管理的六大差距的原因及后果（见表3-1），进一步表明了弥合逻辑营销管理的六大差距的意义。

表3-1 逻辑营销管理的六大差距的原因及后果

序号	内容	常见原因	直接后果
1	营销目标与组织使命之间的差距	营销目标选择不当	组织使命无法实现
2	目标顾客与营销目标之间的差距	目标顾客选择不当	营销目标无法实现
3	营销定位点与目标顾客之间的差距	营销定位点选择不当	目标顾客无法满足
4	营销组合策略与营销定位点之间的差距	营销组合策略不当	购买理由无法形成
5	关键流程与营销组合策略之间的差距	关键流程构建不当	营销组合策略无法落实
6	重要资源整合和关键流程之间的差距	重要资源整合不当	关键流程无法构建

（3）如何弥合逻辑营销管理的六大差距。如果我们将营销者比喻为人体的话，逻辑营销管理的六大差距就如同

患上了六大疾病，消除的方法有两种：一是事先预防；二是诊断医治。

事先预防六大差距的方法，就是实施逻辑营销管理的计划，两者是目的和手段的关系，实施逻辑营销管理就是为了避免六大差距的出现，它是实现组织使命和营销目标的六大保障。具体地说，就是从逻辑营销管理的分析开始，在分析的基础上制订计划，并有效地实施计划，三个环节缺一不可。

诊断治疗六大差距的方法，就是实施逻辑营销管理的控制，及时发现问题，找出原因，然后进行解决。具体地说，组织经营绩效不理想，一定是违反了营销的逻辑，那么就需要分析属于六大差距的哪一个或哪几个差距，接下来分析这些差距形成的原因归属于逻辑营销管理八大步骤的哪一个或哪几个步骤，最终改善这些步骤。越是靠前的步骤出现问题，需要调整的步骤就越多。假如是组织使命选择失误，那么之后的六个步骤都要重新走一遍。假如仅是重要资源整合与关键流程不匹配，那么调整并改善最后一个步骤就可以了。因此，在八大步骤的逻辑框架中，前一个步骤是后一个步骤选择决策的依据。

海底捞餐饮公司的成功，就在于实施了逻辑营销管理，这是我们进行案例研究得出的结论（见图3-5）。

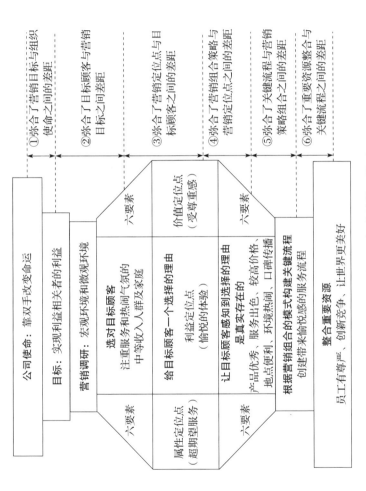

图 3-5 海底捞的逻辑营销管理模型

第一，海底捞确立了让世界更美好的使命和目标。创始人张勇多次谈道：要让海底捞的员工有尊严，靠双手改变命运。这是海底捞的使命，根据这个使命确定的营销目标是，实现利益相关者的利益：对员工好，不像有些公司那样压低员工的工资；对顾客好，提供热情的服务；对社会好，重视企业的社会责任。

第二，选对了目标顾客，避免了目标顾客与使命和目标之间存在差距。海底捞的目标顾客是注重服务和热闹气氛的中等收入人群及家庭，而不是在乎价格的低收入群体及家庭，从而保证了使命和目标的顺利实现。

第三，给了目标顾客一个选择的理由，根据目标顾客的关注点进行营销定位。海底捞的利益定位点为愉悦的体验，属性定位点为提供超越顾客期望的服务，价值定位点没有明确提出，但是顾客实际感知到的是受到尊重，也有专家分析是员工和顾客的幸福感。

第四，让目标顾客感知到了选择的理由是真实存在的，根据营销定位进行产品、服务、价格、店铺位置、店铺环境和传播六个营销要素的组合。

主要定位点为服务，因此海底捞提供超越顾客期望或令顾客惊喜的服务。次要定位点为产品，因此海底捞提供好吃、营养和安全的火锅。价格、店铺位置、店铺环境、传播不是定位的重要方面，那就让它们为定位做出相应的贡献，同时不低于行业平均水平，或者达到顾客可以接受的水平，于是形成了"1+1+4"的营销组合模式。

第五，根据营销组合模式构建关键流程，将服务流程构建为关键流程，将生产流程构建为重要流程，将采购等流程构建为一般流程。

第六，根据关键流程整合重要资源，让员工有尊严，需要让员工开心和快乐，员工开心快乐会引发他们努力工作，不断地进行服务创新。通过对海底捞的研究我们发现，那些令顾客惊喜的服务，90%以上来源于一线员工的主动创新。这些服务不是海底捞早期制度规定的服务项目，而是源于员工不断改善自己的服务流程所形成的创新型服务。为了尊重员工创新，海底捞创新委员会会对员工的服务创新进行评价和筛选，被选中的会在全公司进行推广，同时会奖励创新的员工，并以该员工的名字命名服务创新的项目。

可见，海底捞的成功源于它完全匹配了我们提出的逻辑营销管理：确定让世界更美好的使命和目标，选对目标顾客，给目标顾客一个选择的理由，让目标顾客感知到选择的理由是真实存在的，同时使收入大于成本。

◀ 小　结 ▶

我们总结一下第3堂课的内容：①什么是有效的营销管理。通过有效的营销管理，才能实现顾客价值和顾客满意，有效的营销管理带来的结果是同行赞誉、顾客偏爱，核心是具有独特的竞争优势。②什么是独特的竞争优势。它是营销者向顾客提供的优于竞争对手、不容易被模仿的独特的顾客价值。③如何打造独特的竞争优势。它是通过营销定位来实现的，就是在目标顾客的心目中树立一个独特的、正向的、差异化形象的营销行动。④如何选择和实现营销定位点。这就需要实施逻辑营销管理，为此我们构建了逻辑营销管理的框架模型，归纳出"五训"：一是确定美好的使命和目标；二是选对目标顾客；三是给目标顾客一个选择的理由；四是让目标顾客感知到选择的理由是真实存在的；五是使收入大于成本。逻辑营销管理需要弥合六大差距：一是营销目标与组织使命之间的差距;二是目标顾客与营销目标之间的差距;三是营销定位点与目标顾客之间的差距;四是营销组合策略与营销定位点之间的差距;五是关键流程与营销组合策略之间的差距;六是重要资源整合与关键流程之间的差距。避免和弥合了这六大差距,就表明实施了逻辑营销管理,自然就是能够实现顾客价值和顾客满意的有效的营销管理。

最后,我们归纳出第 3 堂课价值千金的一句话:**实施逻辑营销管理,要做好五件事:确定美好的使命和目标、选对目标顾客、给目标顾客一个选择的理由,让目标顾客感知到选择的理由是真实存在的;使收入大于成本**。一家公司、一个品牌、一个人,都是如此。

◀第 4 堂课▶

确定美好的使命和目标

本章要点

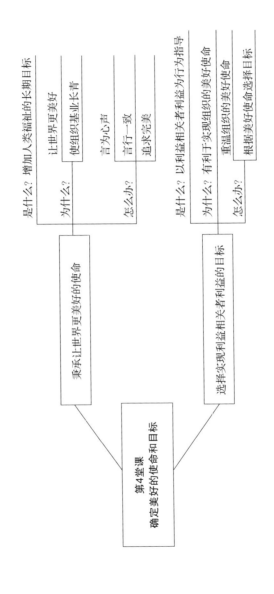

在第3堂课中，我们归纳出逻辑营销管理的"五训"：一是确定美好的使命和目标；二是选对目标顾客；三是给目标顾客一个选择的理由；四是让目标顾客感知到选择的理由是真实存在的；五是使收入大于选择成本。那么，从第4堂课开始，我们利用5堂课（第4～8堂课）的时间分别讨论这五训。第4堂课的内容是确定美好的使命和目标，目的是避免和弥合逻辑营销管理的第一个差距：营销目标与组织使命之间的差距。我们按照"是什么、为什么、怎么办"的逻辑进行讨论。

秉承让世界更美好的使命

这部分具体包括三个方面的内容：什么是让世界更美好的使命？为什么选择让世界更美好的使命？如何实现让世界更美好的使命？

1. 什么是让世界更美好的使命

我们首先回答什么是使命，然后回答什么是让世界更美好的使命，两个问题都直接关系到营销管理的目标和方向。

（1）什么是使命。使命是指我们为什么要活着，为什么而存在。换句话说，使命就是人与物存在的理由。一家公司、一个品牌、一个人，都需要有明确的使命。使命是永远追求的目标，永无止境。正像专家所言，使命"是公司存在的基本原因"，"就像是地平线上指引的恒星，可以永远地追寻，却永远不可能达到"。[一]可见，使命是利益之外的东西，没有最好，只有更好。

匈牙利诗人裴多菲活着的目的是追求爱情和自由，这从他的诗歌中就可以体现出来："生命诚可贵，爱情价更高；若为自由故，二者皆可抛。"可见，在裴多菲的心目当中，自由是他活着的最高目标，也是他活着的使命。国学大师陈寅恪在给王国维撰写的碑文中写道："思想而不自由，毋宁死耳。"注意，这里涉及了生命、爱情、自由，没提到钱，但今天有很多人和组织是为钱而活着。

其实，"利润最大化"不应该成为一个人或一个组织的使命，也不应该成为一个人的人生目标或一个组织的唯一目标。然而，在市场经济环境下，"人为财死，鸟为食亡"的现象屡见不鲜，这是有些人走入人生误区、忘了初心的结果。有一些上市公司，想方设法钻法律的空子，提供虚假的信息，不断地"割"众多股民的"韭菜"，自己的利益

[一] 吉姆·柯林斯，杰里·波勒斯. 基业长青[M]. 真如，译. 北京：中信出版社，2006：243.

不断增加，但是股民的利益却受到了极大的伤害，而股民恰恰是市场的支撑。所以，一个人或一个组织需要经常想想：我们为什么要创办这个品牌？我们为什么要创办这家公司？这样才能保持不脱离或是回归创业的初心。

一个人或一个组织的言行，经过一段时间之后，如果像断了线的风筝，已经不再是一种有意识的行为，那么自然会脱离自己的原始意愿。假如你仅为钱而活，也积累了大量金钱，但当你老去的时候问自己"我这一生做了什么"时，如果你只能回答"我让钱生钱了"，那你仅仅是钱的奴隶，对这个社会没有什么贡献！因此，使命的选择和兑现，对于一家公司、一个品牌、一个人来说，是非常重要的。

（2）什么是让世界更美好的使命。它是指个人或组织的使命，对于世界、社会或者说利益相关者具有正向意义（简称"正向性"），例如为人类的进步、社会的发展、人们更美好的生活等做出贡献。有的公司或组织着眼于顾客、股东、员工等利益相关者的利益。例如，沃尔玛的使命是"让普通人有机会买到富人才买得起的东西"；玫琳凯的使命是"为女性提供无限机会"；迪士尼的使命是"让人们快乐"；清华大学经济管理学院的使命是"创造知识，培育领袖，贡献中国，影响世界"，等等。衡量一个人或一个组织是否确立了让世界更美好的使命，并不一定必须包含"让世界更美好"的原句，类似的句子或者能为世界更美好做出正向贡献，都属于该范畴。

我们可以举一些案例进行说明。有的公司的目标是成为世界 500 强企业，有的人想成为中国首富，有的品牌想闻名世界。这些描述，一不是使命，因为它是有止境的；二是没有看出它与让世界更美好有什么关系，甚至有可能建立在损害他人利益的基础上。

清华大学经济管理学院的"创造知识，培育领袖，贡献中国，影响世界"、迪士尼的"让人们快乐"、玫琳凯的"为女性提供无限机会"、海底捞的"让员工靠双手改变命运"等，之所以属于让世界更美好的使命，是因为都具备两个特征：一是无止境的；二是可以为让世界更美好做出贡献。

一个人也是如此，以下以学者为例进行说明。国学大师王国维说学者做学问有三个层次。第一个层次是"昨夜西风凋碧树，独上高楼，望尽天涯路"，指做学问需要忍受孤独，登高望远，发现别人没有发现的问题，这个层次很多学者都可以达到。第二个层次是"衣带渐宽终不悔，为伊消得人憔悴"，指学者找到研究的问题后，集中精力、废寝忘食、忍受着孤独进行研究和思考，这个层次有部分学者可以达到。第三个层次是"众里寻他千百度，蓦然回首，那人却在灯火阑珊处"，指学者苦苦追寻，有一天突然顿悟发现了真理，其带来的享受是无法用语言形容的，这个层次仅有极少数学者可以达到。科学家爱因斯坦也曾经归纳过学术研究的三个层次：第一个层次是为了功利；第二个层次是为了激情；第三个层次是为了体验智力和智慧的一种快感。钱颖一教授也归纳出三个层次：第一个层次是短期功利主义，为了评职称发表学术文章；第二个层次是长期功利主义，是为了争一流，拿大奖；第三个层次是探索未知，追求真理。我也归纳一下学者的三个层次：第一个层次是思考者，如果学者不思考，就无法成为一个学者；思考了以后，能够形成自己独特的观点，到达学者的第二个层次——思辨者；第三个层次是思想者，思想者不仅有自己的思想，还要将之完善为一个思想体系，很少有人能达到这个层次。"探索未知"应该是学者的使命，它不仅永无止境，而且可以为世界更美好做出贡献。

2. 为什么选择让世界更美好的使命

我们可以归纳出两个方面的原因：一是从人类未来命运的视角，二是从组织长远发展的视角。前者是宏观视角，后者是微观视角。

（1）从人类未来命运的视角看，只有选择让世界更美好的使命，才能让人类的未来更加美好。世界好，大家好，我们自己才能好，将自己的好建立在世界变坏基础上的时代已经一去不复返了，因为世界已经进入一体化的时代。2020年爆发的新冠肺炎疫情就充分说明了这一点，只有全世界共同努力才能控制住疫情，只要有国家没有控制住，疫情就有进一步扩散的风险。早在20世纪90年代末，美国未来学家奥利弗就曾经提出："工业时代征服了空间，使我们成为一个世界；信息时代征服了时间，使我们成为一个村庄；生物材料时代正在征服物质，将使我们成为一个家庭。"⊖世界已经成为一个大家庭，自然是家美好，家庭成员才幸福。因此，我们应该摒弃那种将自己的"好"建立在破坏世界、侵害他人和社会利益基础上的想法和做法。这就要求地球上的每一个人和每一个组织，都要为让世界更美好做出自己的贡献。

⊖ 理查德W奥利弗. 未来经济状态：在商务新世界中制胜的七大法则［M］. 丁为民，等译. 北京：机械工业出版社，1999.

（2）从组织长远发展的视角看，只有选择了让世界更美好的使命，才能让自己的组织基业长青。将销售额和利润额的增长建立在损害利益相关者利益的基础上，或许会实现短期效益最大化，但是不可能长久。

柯林斯和波勒斯基于对基业长青的公司的研究结果证明："利润是生存的必要条件，而且是达成更重要目的的手段，但是对很多高瞻远瞩的公司而言，利润不是目的，利润就像人体需要的氧气、食物、水和血液一样，这些东西不是生命的目的。"㊀日本著名企业家稻盛和夫在谈到京瓷成功的原因时，说是以非利润最大化为目标，即让员工幸福，以及让世界变得更美好。

一些著名学者和企业家认为，利润是企业存在的理由，是企业经营的结果，也是企业的责任，但并不是企业的目的。越来越多的企业带有社会企业的特征，也证明了这一点。

因此，一个组织或一家公司要实现基业长青，必须有一个让世界更美好的使命。代表性公司的使命列举如下：迪士尼是"让人们快乐"，索尼公司是"体验发展技术造福大众的快乐"，沃尔玛公司是"超越顾客的期望"，默克公

㊀ 詹姆斯·柯林斯，杰里·波勒斯. 基业长青［M］. 真如，译. 北京：中信出版社，2006：59.

司是"挽救和改善生命",万豪酒店是"让离家在外的人感到置身于朋友之中",IBM 公司是"为客户创造价值"。这些使命永远都没有止境,是一种永恒的追求,同时也都是为让世界更美好服务的。

3. 如何实现让世界更美好的使命

即使选择了一个让世界更美好的使命,也不等于真的将其落实到行动上了,否则就不会有那么多失败的品牌或公司了。我们要通过发现问题,分析原因,进而探索改进方法。

(1)发现问题。我们通过调查发现,那些向市场提供有害产品和虚假信息的公司,那些违法乱纪的公司,那些最终经营不善、声誉扫地甚至破产倒闭的公司,几乎都有美好的使命,并使用了非常漂亮的、招人喜欢的词语进行描述,其口号常常比那些成功的公司更加响亮。由此我们得出结论,这些失败的公司之所以失败,绝对不是由于它们没有漂亮的使命描述,而在于漂亮的使命描述仅仅是一句口号,没有将其转化为创始人、公司乃至每个员工的自觉行为,有的甚至仅仅将其作为一句广告宣传语来忽悠顾客。近些年来,我们发现一些大企业的个别领导人,践踏法律和道德,片面地追求规模最大化和利润最大化,使公司和品牌陷入了困境。这种事件持续地发生着，以后也不会绝迹。

（2）分析原因。公司确定了一个让世界更美好的使命，为什么仍然面临困境呢？一个重要的原因是，这些公司虽然选择了一个美好的使命口号，但是并没有把它落实到具体的行动上，导致公司发展遇到种种问题，或者是从来没想过将其作为行动指南，或者想作为行动指南但没有能力做到。例如，有些公司高喊着"顾客是上帝""顾客是国王"，却把营销作为一种招数或者欺骗顾客的手段，将假货卖出非常高的价格，并将这视为营销的成功。其实这是对营销的亵渎！因此我们在前面谈道：实际上我们还不太懂得营销，不太懂得管理，不太懂得营销管理。

我们关心的一个问题是，为什么一些组织和公司有美好的使命描述，但是没有落实到具体行动上呢？我们通过案例研究发现，这些公司的价值观出现三个方面的问题：口是心非、言行不一、得过且过。

首先，口是心非。它也可以称为心口不一。一些公司把使命描述得特别美好，并非公司人员发自内心的想法，也从来没有想过"为什么活着"的问题，那只是找管理咨询公司进行策划的结果，而不是创始人、公司领导人和员工等整个组织发自内心的一个表达。当然，这种口是心非的使命，不会有人想着去实现它。

其次，言行不一。嘴上说的使命与实际行动不是一回事，这是使命无法实现的第二个原因。在言行不一的公司，漂亮口号无处不在——建筑物的墙壁上，公司的会议室里，甚至厕所的便池上方。但是，那些口号大多没有转化为行动：或是因为言不由衷，口是心非，员工不认可，自然不会按此约束自己的行为；或是因为员工虽认可这些口号，但不愿意或者不能够付诸行动，缺乏行胜于言的能力。

最后，得过且过。差不多就行了，能凑合就凑合，这是使命无法实现的第三个原因。在很多情况下，公司并没有形成高标准和高要求的文化氛围，员工在工作上没有追求完美的意愿，在行动上没有让自己做得更好，员工跟顾客有很多的接触点，员工认真做了，顾客还不一定能满意，要是在跟顾客接触时得过且过，顾客怎么会满意呢！顾客不满意，就不会重复购买，公司或品牌就会陷入困境。

（3）改进方法。原因找到了，改进方法也就有了。口是心非、言行不一、得过且过，这三个问题在组织中比较普遍地存在着，也是多年形成的顽疾，因此必须改变。如何改变呢？回归初心。秉承让世界更美好的使命，"秉承"

两字的含义是"心""言"和"行",发自内心地接受使命,并将文字表达的使命落实到行动上,在落实的过程中追求完美,实际上,就是塑造言为心声、言行一致和追求完美的三大价值观。这三大价值观一定是由创始人和企业领导者发起,然后影响公司骨干,最终宣贯到每一个员工,这样就会自然而然地成为一种组织文化,也就是组织的行为方式或习惯。

一是言为心声。就是说的话一定是发自内心的,无论是领导人在媒体上的讲话、在组织内部的讲话,还是组织所做的广告宣传、公关活动,都应该是发自内心的,不能欺骗公众,不能忽悠顾客。一定是心里这么想的,所以才这么说。这就意味着,一个组织树立的让世界更美好的使命是发自内心的,而不是沽名钓誉的口号。

二是言行一致。说了以后一定要做到,换句话说,一定要按说的去做。在美国有一项针对98家世界上最成功的公司的案例研究,其中包括沃尔玛、麦当劳、肯德基、IBM、花旗银行等,它得出了一个重要的结论就是,遵守承诺不在于说得有多好,而在于承诺兑现了多少,因此成功公司坚持的一个重要准则就是慎承诺、重兑现,永远不承诺做不到的事情。这看似很简单,但是并非想象中那样容易做到。

举一个简单的例子，在没有手机拍照的时代，大家出去玩的时候都是用数码相机拍照，拍照者最后都会说"到时候我把照片发到你的邮箱"或者"洗出来寄给你"。但是，我们真正收到的照片寥寥无几，大多数情况下是朋友事情多忘记了，由此导致失信而令人失望。其实，避免陷入这种窘境的方法很简单，别随便承诺，承诺了就一定要记着兑现。我知道这个逻辑，因此在用数码相机照相的时代，我给同事、朋友拍过照之后，回到办公室做的第一件事就是把相机存储卡拿出来，通过电脑把照片发给相关的人，因为搁置后，十有八九会忘记。令人遗憾的是，今天仍然有很多公司做过承诺后并不兑现，包括一些知名度很高的饮料公司、牛奶公司、食品公司、投资公司和证券公司等，最终在损害顾客利益的同时，也损害了公司的品牌。这都是言行不一带来的恶果。

三是追求完美。这并不是说做每一件事的时候都追求完美，那样的话十有八九会患上抑郁症。但是，在工作的时候一定要追求更好，至少达到自己满意为止。那些崇尚投机行为的个人或组织能省事儿就省事儿,靠侥幸蒙混过关来取得好的效益,这或许会取得一时的影响力,但是最终无法成就大事。而且,这无疑给自己埋下了一颗定时炸弹,时间到了一定会爆炸,炸掉的不仅是眼前的利益,还有未来的发展前途。因此,追求完美是一个人或一个组织非常重要的价值观。

> 海底捞火锅店之所以令顾客喜爱,其深层次原因就是,它秉承了让世界更美好的使命,以及树立了言为心声、言行一致和追求完美的价值观。由前述可知,海底捞的使命是"让员工靠双手改变命运",也有专家分析认为是"让世界更美好",两者并不矛盾,在本质上是一致的。在这一点上,很多公司与海底捞是相同或相似的,但是没能像海底捞那么成功,原因就在于它们没有将使命落地,使之成为组织行为的指南针。那么,海底捞是如何将使命落地的呢?它树立了言为心声、言行一致和追求完美的价值观。
>
> 海底捞创始人张勇出身于"草根"家庭,深深懂得靠自己的双手改变命运的重要性,因此发自内心地将创办海底捞的使命确定为"让员工靠自

己的双手改变命运""让普通的人也有尊严"。这是他发自内心的一种想法，并将其转化为公司的使命。可见，海底捞做到了言为心声。

海底捞的员工都是进城的打工仔、打工妹，海底捞努力将"让员工靠自己的双手改变命运""让普通的人也有尊严"的使命落实到行动上，真正让员工感受到。海底捞给予员工高于竞争对手的薪酬待遇，给他们提供图书，给他们租公寓住，配备电视给他们看，等等。所以，海底捞的员工特别开心，并把这种开心转化为让顾客开心，进而兑现了海底捞给目标顾客的承诺。可见，海底捞做到了言行一致。

顾客在与海底捞的每一个接触点都会感到开心快乐，受到尊重，有时还有意外的惊喜。有一次我和家人去海底捞吃饭，天气特别热，也没带遮阳伞，没想到在停车场刚停好车，夫人一打开车门，海底捞的一位员工就举着遮阳伞把我们领到店中；等座的时候还有员工给我们修指甲、送水喝、递水果；刚到餐桌旁坐下，就有员工把我们的手机给套上，帮我们系上围裙，给我们表演抻面等。除此之外，顾客还会感受到很多个性化服务，非常地受尊重。这意味着跟顾客接触的每一个点，海底捞都提供了精心的服务，从而让顾客感受到舒服美好。可见，海底捞做到了追求完美。

选择实现利益相关者利益的目标

一家公司的营销目标包括**长期目标**和**短期目标**。长期目标是指公司的愿景或永恒的追求；短期目标是一两年、两三年要实现的利益和效益。无论是短期目标还是长期目标，我们都主张实现利益相关者的利益。

1. 什么是实现利益相关者利益的目标

这里主要是指"想成为一家什么样的公司"，类似于公司的愿景或未来前景，它通常会比使命更容易用于指导公司的经营行为，保证每一句言辞、每一个行为、每一次活动都让利益相关者受益，至少不会让他们的利益受到损害。

什么是利益相关者呢？"简言之，利益相关者就是影响公司目标的完成或受其影响的团体或个人。利益相关者包括员工、顾客、供应商、股东、银行、政府以及能够帮助或损害公司的其他团体。"[一]实际上，利益相关者也包括由这些团体构成的社会甚至世界。因此，实现利益相关者的利益的目标，不仅包括个人或团体的利益得到保护和提高，也包括全社会的利益得到保护和提高，例如为世界环境和文化更美好做出贡献等。其中，利益相关者的利益不仅包括物质利益，也包括精神利益。

2. 为什么选择实现利益相关者利益的目标

它是组织实现使命的桥梁和一切行为的准则。一家使命为让世界更美好的公司，无论确定什么样的具体目标，都必须符合实现利益相关者利益的标准，自己利益的增加不能建立在顾客或合作伙伴的利益减少的基础上，当然也不能通过损害自己的利益来增加客户或合作伙伴的利益。各方利益不是此消彼长的关系，它会有一个平衡点，在这个平衡点上各方利益都能达到令人满意的状态。符合此标准的目标可以称为美好目标，该类型目标可以将公司导向令人赞赏或令人尊敬的轨道。例如，小巨人公司秉承非财务目标高于财务目标的宗旨，抵制规模增长的诱惑，甚至缩减规模，不以利润最大化为目标，而是潜心追求品质卓

[一] R 爱德华·弗里曼. 战略管理：利益相关者方法 [M]. 王彦华, 梁豪, 译. 上海：上海译文出版社, 2006: 2.

越，为利益相关者创造价值。小巨人公司为了坚守自己的理想绝不上市，以免决策权弱化。㊀

通常，除了实现利益相关者利益的目标之外，还有长期目标和短期目标，短期目标包括经济效益和品牌影响力等内容，长期目标一般被视为组织的愿景。愿景是公司渴望在未来10～30年经过努力能够达成的目标，"它应该只有50%～70%成功的可能性，但公司必须相信'我们无论如何都能做到'。要达到这样的目标，需要付出惊人的努力，也许还需要一点点运气"。㊁

公司目标是由使命决定的。过去，利润最大化的目标被长期作为企业发展的助推器，源于公司的使命是成为市场领导者或者进入世界500强之列，或是成为最赚钱的公司。一些机构评选的令人尊敬的公司大多为各个行业最大的公司。但是，越来越多的研究结果证明，利润最大化的目标与正向使命的实现存在着矛盾，甚至是不可调和的矛盾。基业长青的公司秉承超越利润的理念，明确表示"盈利性和股东财富的增加只是公司的部分目标而非主要驱动目标"，通过"合理""充分""公平"的收益和盈利来实现

㊀ 保·伯林翰. 小巨人不扩张也能成功的企业经营新境界[M]. 娄丽娜，译. 北京：中信出版社，2007：前言.
㊁ 吉姆·柯林斯，杰里·波勒斯. 基业长青[M]. 真如，译. 北京：中信出版社，2006：251.

使命，而不是追求"最大"收益和"最大"利润。㊀

可见，基于经济人假设的西方传统营销理论是建立在利己和利润最大化基础上的，可以称为"利己营销理论"和"利润最大化营销理论"。我们通过基于中国情境的案例研究，构建了与"利润最大化营销理论"完全不同的多种新营销理论。这里仅举三例。

一是善道营销理论。基于对"信誉楼"和"胖东来"两家零售公司的案例研究发现，其成功不是靠线上线下的融合，不是靠降价促销，也不是靠大数据决策，而是靠对利益相关者给予善道，从而构建了一个全新的善道营销理论：建立善组织，秉承善的营销哲学，从事善的营销行为，获得善的营销回报，最终成为令人赞美的友善公司。

二是分享营销理论。基于对环意国际旅行社这家"小而美"企业的案例研究发现，其成功不是靠低价竞争，也不是靠规模最大化，而是靠精心设计和选择精致的意大利旅游项目，与小规模的泛朋友圈进行分享，给顾客以美好体验，从而构建了一个全新的分享营销理论：把自己感兴趣的事情做到极致，秉承分享的营销哲学，与泛朋友圈分享美好体验，获得分享带来的回报，最终成为让人喜爱的

㊀ 吉姆·柯林斯，杰里·波勒斯. 基业长青［M］. 真如，译. 北京：中信出版社，2006：300.

"小而美"的企业。

三是简朴营销理论。基于对珠海无用文化创意有限公司这家"社会企业"的案例研究发现，其成功不是强调服饰的功能，而是一种简朴精神。职业装是机器制作的，因此公司创始人马可女士不对其进行品牌延伸，而是创建了"无用"品牌，恢复传统工艺，全手工制作，从而建立了简朴营销理论：建立简朴组织，秉承简朴营销哲学，践行简朴营销，获得简朴回报，最终成为一家令人尊敬的简朴公司。

这三家公司的经营目标都不是追求利润最大化，甚至有意控制和缩小规模。在这些公司，善道、分享和简朴的精神满足是目标，盈利是结果，是实现目标的伴生物。正如有学者所言，"具有良好愿景的企业对利润的看法就像生物学家对氧气的看法：获得氧气不是生命的目标，但是没有氧气，生命将无法生存"。㊀

追求利润最大化是十分有害的，这会导致医院期待更多的人得病，火葬场期望更多的人死亡，4S店盼望更多的汽车爆胎等。难以想象，长期如此，社会将变成什么样，一定不是我们期待的美好社会。

㊀ 西奥多·罗斯福·马洛赫. 有灵性的企业做有美德的生意［M］. 杨凤岗，译. 北京：企业管理出版社，2014：1.

3. 如何选择个人或组织的发展目标

首先，重温组织的使命，并根据组织的使命选择实现利益相关者利益的目标。其次，确定个人或组织的长期目标（及愿景）。有专家归纳出：①目标法，例如沃尔玛在1990年提出"2000年前成为拥有1250亿美元资产的公司"；②竞争法，例如耐克在20世纪60年代提出"打败阿迪达斯"；③对标法，例如斯坦福大学在20世纪40年代提出"成为西部哈佛"；④转型法，例如通用电气在20世纪80年代提出"改革这家公司，要让它拥有大公司的实力以及小公司的节俭和灵活"。㊀再次，根据愿景确定个人或组织三年或五年的发展战略目标。最后，根据发展战略目标确定一年的发展目标。

◀ 小 结 ▶

我们总结一下第4堂课的内容，主要是讨论了秉承让世界更美好的使命和选择实现利益相关者利益的目标两个问题，目的是避免和弥合营销目标与组织使命之间的差距。在讨论第一个问题中，首先回答了"什么是让世界更美好的使命"，

㊀ 吉姆·柯林斯，杰里·波勒斯. 基业长青[M]. 真如，译. 北京：中信出版社，2006：251-252.

就是为人类带来福祉的使命，它是永无止境的追求，它不仅是一句口号，更是一个人或一个组织的行动指南。其次回答了"为什么选择让世界更美好的使命"，因为这样可以让世界更美好，同时可以让组织基业长青。最后回答了"如何实现让世界更美好的使命"，从组织文化的角度看，必须形成三个非常重要的、最为基本的价值观：一是言为心声，二是言行一致，三是追求完美。在讨论第二个问题时，首先回答了"什么是实现利益相关者利益的目标"，它是指一个人或一个组织的每一句言辞、每一个行为、每一次活动都是为了使利益相关者受益，至少是他们的利益不会受到损害，其次回答了"为什么选择实现利益相关者利益的目标"，它是由让世界更美好的使命所决定的，是为了避免和弥合营销目标与组织使命之间的差距；最后回答了"如何选择个人或组织的发展目标"，根据使命选择长期（愿景）目标，根据愿景目标选择短期目标。

最后，我们归纳出第 4 堂课价值千金的一句话：**只要树立让世界更美好的使命，确立实现利益相关者利益的目标，形成言为心声、言行一致和追求完美的三大价值观，即使没有短期的目标，也会取得成功并令人尊敬。**一家公司、一个品牌、一个人，都是如此。

◀第 5 堂课▶

选对目标顾客

本章要点

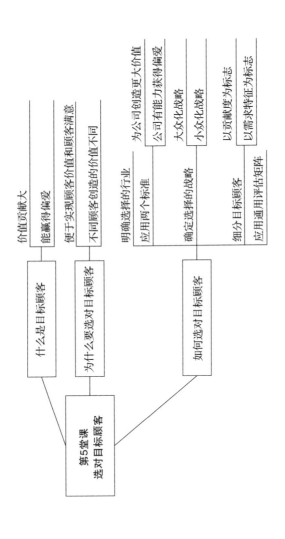

一个组织在确定了美好的使命和目标之后，就要进行目标顾客的选择。因此，第 5 堂课讨论的内容是选对目标顾客。我们仍然要回答三个问题：什么是目标顾客？为什么要选对目标顾客？如何选对目标顾客？

什么是目标顾客

由于一个人或一个组织的资源是有限的，因此无法满足所有人的所有需要，也无法满足所有人的一部分需要或一部分人的所有需要，只能满足一部分人的一部分需要，这一部分人就是营销者的目标顾客，他们是营销活动所针对的主要对象，这些对象应该具备两个明显特征：一是可以为营销者带来利益或价值贡献；二是营销者有能力赢得这些顾客的认可甚至偏爱或赞美，即赢得他们的"芳心"。

目标顾客的这两个特征缺一不可。如果一些顾客不能给营销者带来相应的利益（增加销售额和利润额等）或价值（提升品牌形象等），就会使营销者白白消耗成本，最终无法实现自己的使命和目标，因此这些顾客没有资格成为目标顾客。反之亦然，如果一些顾客具有带来销售额的巨大潜力，以及品牌价值的贡献，但是营销者没有优势能力赢得这部分顾客的"芳心",这部分顾客也没有资格成为目标顾客,否则会白白耗费推广成本,而不会产生理想的效果。

用一句话来概括,目标顾客应该是能与营销者互相提供利益和价值的营销活动对象——组织或个人。

为什么要选对目标顾客

一方面是为了更好地实现顾客价值和顾客满意。由于竞争和自身资源的局限性,一家公司不能满足所有人的需要,或者说不能让所有的顾客都满意,这就需要选择那些公司有能力使其满意的顾客作为目标顾客。

另一方面是为了更好地实现组织的使命和目标,也就是选择那些可以为公司创造更大价值的顾客作为目标顾客。

首先,目标顾客是营销者的重要财富。他们是营销者利益和价值的提供者。营销者的目标是实现利益相关者利益,而利益相关者分割的利益规模的大与小,取决于目标顾客支付价格的总额,以及公司获得这个价格总额所支出的成本,因此选对目标顾客非常重要。

其次,有些顾客是带来负价值的。营销者花费了很多的成本和精力留住一部分人,但是他们并没有算账,这部分人可能并非创造价值最大的人，甚至是带来负价值的人。例如，营销者必须实施低于成本价的销售策略才能引发他们的购买行为的那些人，假如营销者仍然不厌其烦地花费成本争取留住他们，就无法实现利益相关者利益的目标。因此，需要选对目标顾客。

再次，带来正价值的顾客的贡献也是参差不齐的。同样一个产品和服务卖给不同的人会卖出不同的价格来。例如，一枝玫瑰花卖给饥肠辘辘的乞丐，可能是负价值；卖给一位家庭主妇，可能卖2元；卖给一对情侣，则可能卖到20元。花还是那枝花，卖给不同的人就会卖出不同的价格。因此，目标顾客的选择是可以创造价值的，甚至比产品、价格、分销和传播四个组合要素创造的价值还大。如果选错目标顾客，就如同娶错妻、嫁错郎一样不幸福。否则，带来的不是正价值，而是负价值，并且不断地消耗营销者宝贵的资源。奇怪的是，有些公司选错了目标顾客而不知，这些顾客不断地产生负价值，公司却仍然想留住他们，不断地匹配资源给他们，其实公司应该果断地抛弃他们！

> 例如，一位教授给博士生班讲课，是为了培养人才，博士生虽然交学费，但是学校有各种的奖

学金，最终把他们的学费基本返还了，因此，仅从博士生的短期经济利益贡献来说，是零元，为了便于比较，我们假定为1元。但是，如果这位教授给一个100人的EMBA班讲一天课，会为大学贡献100万元左右的经济利益，与博士生班相差100万倍。那会不会因为博士生出价低，教授在博士生班讲的课程就不如在EMBA班讲得好呢？不会，博士生班学生人数少，或许效果更好。这就意味着这位教授的同样一门课程，卖给不同的人，可以卖出不同的价格，在这个例子中是相差100万倍。这意味着目标顾客的选择本身是可以创造价值的。

但是企业在营销的过程当中通常把产品作为创造价值的要素，后来引申为服务也可以创造价值，再后来认为营销组合四个要素可以创造价值。其实不然，目标顾客选择决策也可以创造价值。营销组合四个要素会创造价值，但它创造的价值十有八九需要支出大量的费用和成本，而目标顾客的选择创造的价值不需要支出或者支出很少的费用和成本。

然而，这一点长期被忽略了。目标顾客选错的不合理情况,在当今的营销管理中是常见的,大大地影响了营销效率的提高。例如,有的顾客在购买产品的时候,不讨价还价,以较高价格购买,有的顾客经过讨价还价以较低的价格购买。那么,出高价的顾客事儿多,还是出低价的顾客事儿多呢?显然,出价越低的人事儿越多,比如进一步要求送赠品,增加附加服务等,营销者不得不匹配资源使他更加满意,而出价高的人反而没有那么多要求,这就节省了营销者的宝贵资源。这意味着营销者把很多资源匹配给了负价值或者很少价值的顾客,形成顾客群体的负向马太效应,劣质顾客驱除优良顾客,营销者的发展前途可想而知。

如何选对目标顾客

选择目标顾客需要考虑四个问题:一是明确目标顾客选择的行业前提;二是应用目标顾客选择的两个标准;三是确定目标顾客选择的战略;四是根据需求和贡献细分目标顾客;五是应用通用评估矩阵进行评价。

1. 明确目标顾客选择的行业前提

由前述可知,选择目标顾客的目的是满足这些人的一部分需要。因此，在选择目标顾客之前，通常需要明确营销者提供的产品和服务的类别，或者说进入的行业和领域，也就是界定所要满足的一部分需要究竟是哪一部分需要。例如，如果是饮料，则需要明确是碳酸饮料还是非碳酸饮料；假如是非碳酸饮料，还要明确是酒精饮料还是非酒精饮料；如果选择了非酒精饮料，还要明确是药饮料还是非药饮料；如果是非药饮料，还要明确是果汁饮料还是非果汁饮料等。

明确了要满足顾客的哪一部分需要，等于确定了营销者进入的行业，进而可以对这个行业进行深入的分析，从而得出该行业的特点、机会和具有竞争优势的大概发展方向。目标顾客的选择，是针对营销者所处的相应行业进行选择，营销者只有确定了自己所处的行业和领域，才能用五力模型、价值链等专业分析工具进行营销研究，为目标顾客和营销定位点的精准选择奠定基础。

当然，在很多情况下，是先进行了顾客分析以及竞争对手分析才决定进入某一行业或领域的，甚至有时对目标顾客的选择先于进入何种行业或领域的决策。即使是这样，行业进入后不容易退出，而目标顾客却可能发生替代性变化，在这种情况下，确定行业和领域就成为目标顾客选择的前提因素。

2. 应用目标顾客选择的两个标准

目标顾客的选择，必须与组织的使命和目标相匹配，或者说要根据使命和目标进行目标顾客的选择。例如，沃尔玛的使命是"让普通人有机会买到富人才买得起的东西"，经营目标是盈利却不是利润最大化，目标顾客就是普通收入的家庭，初期是小镇上的居民家庭，后来延伸至中小城市的普通居民家庭。如何根据组织的使命和目标来选择目标顾客？这必须遵循两个评价标准：一是所选择的目标顾客必须为公司利益的增加和品牌形象的提升做出贡献，否则就难以实现利益相关者利益；二是所选择的目标顾客与营销者的资源相匹配，营销者有能力满足这部分顾客的需求，赢得顾客的偏爱，并能较长期地留住他们。

> 清华大学经济管理学院的使命是"创造知识、培育领袖、贡献中国、影响世界"。它没有说要成为世界上最大的商学院，也没有说要成为世界上最有钱的商学院，如何实现前述使命呢？它选择了一个愿望：成为世界一流的经济管理学院。这是一个长远的目标。如何才能成为世界一流的经济管理学院呢？必须有世界一流的师资。现在的学生基本上是世界一流的了，那么该如何聚集世

界一流的师资呢？除了良好的声誉、自由的学术氛围等以外，必须有与世界一流大学相类似的薪酬待遇。但是，这些钱不能只靠政府拨款，也要经管学院自己获取。这就要求清华大学经济管理学院在选择目标顾客时，除了考虑完成国家的人才培养计划、承担社会责任之外，自由选择的一些项目的目标顾客必须是出价高并喜欢清华大学经济管理学院的人，否则，它无法给予与国际一流人才待遇相匹配的薪酬，也就无法实现自己的使命。这就叫作"根据组织的使命和目标（或愿景）选择目标顾客"。

3. 确定目标顾客选择的战略

在选择目标顾客的过程中，有两种极端的战略——大众化战略和小众化战略（见图5-1），营销者需要从中选择一种，或者是两种战略的融合。

图5-1 目标顾客选择的两种战略

（1）大众化战略。这是一种常见和流行的战略，选择这种战略的原因是，很多公司追求大规模、高速成长，甚至不惜冒着赔钱的巨大风险。在这种目标驱使下，公司追求的是目标顾客的数量而非质量，因此必须选择广泛的目标顾客群体。要吸引他们大规模地购买，只能采取低价甚至低于成本价，或者免费赠送甚至赠物＋赠钱相结合的方式，把目标顾客培养成为出价低且喜欢便宜的人，营销者只能赚取辛苦钱，甚至辛苦了也不赚钱。例如，一些从事纯净水、牛奶配送的公司，成为"大自然的搬运工"，赚的是物流钱，搬运工、快递员赚的是辛苦钱，绝对不是品牌钱。

（2）小众化战略。打造一个令人尊敬的品牌，离不开目标顾客的忠诚，这自然需要对目标顾客进行精选，淘汰那些只关注低价而忽略价值的顾客，同时，营销者必须专注于一个狭小的领域精耕细作，推出精致的产品和服务，因此规模发展受到限制，这两个方面的原因要求营销者必须选择狭窄的目标顾客群。目标顾客少了，销售规模就会受到限制，这时就需要采取高毛利策略，赚取品牌溢价，形成厚利少销的特色。尽管中国企业发展的主要模式还是追求规模最大化，但是我们仍然发现了很多小规模企业的成功例子，它们不是追求规模最大化，也不是追求利润最大化，而是按照自己的兴趣，打造令人尊敬的品牌。

一个来自青海草原喜欢鲜花的女孩子，大家称她为"睫毛鲜花姑娘"，她把自己对花的理解和爱转化为花艺，让人感受到自由和美。2007年，她在北京胡同里开设了北平国际青年旅舍。她总是一大早去花市买花，然后将花草美美地布置到旅舍的合适角落，把旅舍装扮得像花园一样，因此她的旅舍被称为"鲜花旅馆"，广受欢迎。随后，她又开设了北平咖啡馆、北平小院青年旅舍、北平北京站青年旅舍、北平花园精品酒店（仅有6间房）等，每一家都不大，以使自己可以亲力亲为选购鲜花，精心设计并布置到每一个角落，做好每一个细节，结果自然美得令人赞叹。

我们研究了一些小而美的公司，发现一个共同特征：一定是创始人选择的非常感兴趣的一件事，然后每一个产品和服务的细节几乎都亲力亲为，把这件事情做到极致，接着在朋友圈或泛朋友圈进行分享。因为把它做到了极致，所以才令人尊敬。如果规模做得很大，创始人就很难控制标准，委托别人替代很难达到创始人所追求的完美，同时创始人也会非常辛苦，最终导致乐趣逐渐消失，这与创始人的追求相悖。

另外一个相似的案例是环意国际旅行社。它成立于2009年，一成立就面临着旅游市场的激烈竞争。大多数旅行社都采取了低价切入的战略，吸引大众市场，比如说15 000元可以八天游欧洲五国。由于价格低，旅行社为了盈利会增加购物环节；酒店离市区很远，游客要很早起床去景点，路上要走很远的路；吃饭也缺乏旅游地应有的体验。但是，环意国际旅行社选择的目标顾客不是普通大众，而是高收入的人群及家庭，满足他们美好体验的需求，提供的景点、下榻的酒店、就餐的餐馆等，都是经过精心设计和选择的。创始人张环女士非常喜欢意大利及意大利古老的文化，她跑遍了意大利的知名景点，即使在同一个城市，也常常去体验多家宾馆和餐馆。后来她把最具特色的景点、宾馆和餐馆组合起来，推出了意大利古国、时尚文化游的项目——八天游半个意大利（南部或北部），收费3万多元，组团人数为10人小团。我们走访了一些参加该项目的游客，都觉得是非常难得的体验，绝对是游有所值。我们略举几例。一般旅游者参观罗马斗兽场和梵蒂冈博物馆，常常需要排两个小时的队，参加环意国际旅行社项目的游客不用排队，直接走贵宾通道，这两个多小时值多少钱！很多旅游者去过米兰，但很少有旅游者在米兰参观过达·芬奇的名画《最后的晚餐》真迹，因为预约难度很大。它是在米兰的圣玛丽亚感恩教堂里，参观者必须提前在网上抢票，抢完票后要提前一个小时到现场取票，然后按要求的时间提前排队，15个人一组进教堂，在里边只能参观15分钟。环意国际旅行社的项目包括欣赏达·芬奇的《最后的晚餐》，这值多少钱！表5-1呈现了环意国际旅行社的目标顾客选择战略。

表 5-1　环意国际旅行社的目标顾客选择战略

决策内容		备选范围及决策结果	
谁	一般特征	个人、家庭、团体	选择的是团体（10人以下）
	关注利益	便宜、景点多、舒适、精神体验	选择的是舒适和精神体验
什么方面的需求（进入的业务领域）	空间	全球、欧洲、意大利及其他	选择的是意大利
	环节	旅游设计、组团、地接	选择的是旅游设计和地接
	档次	低、中、高	选择的是高档
	内容	景点游、教育游、蜜月游、商务游、会展游、时尚游、艺术游、历史游	选择的是后五项

因此，营销者需要根据确定的使命和目标，以及目标顾客选择的标准，结合自身的优势，决定选择大众化目标顾客还是小众化目标顾客，或是两者的融合等。

4. 根据需求和贡献细分目标顾客

由于消费需求的个性化时代已经到来，因此有时对选择的目标顾客还要进行再细分，针对细分后的目标顾客，进行营销定位和实施不同的营销组合策略。细分目标顾客通常使用贡献度和需求特征两个标志。

（1）以贡献度为标志。由前述可知，顾客对于一个品牌或一家公司的销售额和利润额等的贡献是不同的，目标顾客也是如此。因为一个组织为了有效地匹配资源、提高效率，需要分析各个目标顾客的贡献度，从而采取不同的营销组合策略（见表5-2）。

表 5-2 以贡献度为标志的目标顾客细分方法

顾客贡献类型	特征	营销策略
1. 永久瀑布型	长期购买且购买量较大	● 建立长期沟通，但不必高频次 ● 建立顾客的态度忠诚和行为忠诚 ● 维护和留住他们
2. 细水长流型	长期购买但购买量较小或利润贡献低	● 分析购买量小的原因 ● 进行交叉销售和主题促销
3. 短时暴雨型	短期购买但购买量较大或利润贡献高	● 关注单次交易的满意度 ● 不追求态度忠诚
4. 零星小雨型	偶尔购买且购买量较小或利润贡献低	● 关注单次交易的满意度 ● 不再进行关系投资

表5-2是按照顾客的贡献度将其分为五种类型。第一种为永久瀑布型，属于长期购买且购买量较大的顾客，营销策略的目的是留住他们，建立并提升他们的忠诚度，不必高频次地与其进行沟通；第二种为细水长流型，属于长期购买但购买量较小的顾客，营销策略的目的是提升他们的购买量，分析购买量小的原因，对他们进行交叉销售和促销活动；第三种为短时暴雨型，属于短期购买但购买量较大的顾客，营销策略的目的是关注他们的单次交易的满意度，不追求忠诚度的培养，当然，一旦可能，也需要尝试将他们转化为忠诚顾客；第四种为零星小雨型，属于偶然购买且购买量较小的顾客，营销策略的目的是关注他们的单次交易的满意度，不再进行关系投资。

（2）以需求特征为标志。在需求个性化和竞争异常激烈化的时代，逐渐出现了精准营销策略，甚至一对一的营销策略，在应用这些策略之前，通常需要以需求为标志对目标顾客进行细分。TNS信息集团的研究结果表明，引导奢侈品需求发展有两个重要维度：标榜个性的需求和善待自我的体验需求。基于这两个维度，TNS将中国具有独特需求与特征的消费者归纳为以下四类：鉴赏收藏、引领潮流、奢侈体验，以及通过奢侈品来标榜财富和象征自己不同一般的身份（见图 5-2）㊀。

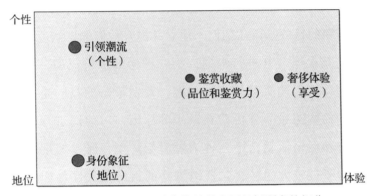

图 5-2　从需求维度对奢侈品的中国目标顾客的细分

图 5-2 显示的顾客都是奢侈品的目标顾客，但是在购买和消费奢侈品的时候，需求特征是不一样的。比如，右中侧顾客关注的是奢侈体验，左下角顾客关注的是身份象征，左上角顾客关注的是引领潮流。实际上我们可以在这张图的中间划一道竖线。左侧引领潮流和身份象征两部分人群，消费奢侈品时带有炫耀性，是给别人看的；右侧鉴赏收藏和奢侈体验两部分人群，消费奢侈品带有自赏性，是给自己看的。这四类人群都是奢侈品品牌的目标顾客，但他们需求不同，需要针对他们进行不同的营销要素组合，实现令他们满意的目标。比如，对于追求身份象征、引领

㊀ 肖实天，陈湛，李颐. 中国富人不再仅为"奢"而消费［N］. 中国经营报，2008-01-28.

潮流的两部分人群，需要满足他们的炫耀心理，为他们提供的奢侈品的标识就要特别大，从很远的地方就能看到，同时还要满足他们随身携带的需要，如手袋、腕表、眼镜、名片夹和手机等类型的产品。对于关注鉴赏收藏、奢侈享受的两部分人群，就不需要具有可视性，不需要随身携带，所以可以向他们提供奢华的家具、顶级的瓷器等。进行精准营销，会大大提高营销效率。

5. 采用通用的细分市场评估矩阵进行评价

在选择目标顾客（即备选目标市场）的时候，有一个现成且好用的工具，就是通用评估矩阵的变形（见图 5-3）。

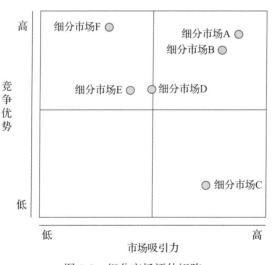

图 5-3　细分市场评估矩阵

我们需要对各个细分市场进行市场吸引力和竞争优势的评估。横轴呈现的是市场吸引力，是指这个顾客群对营销者的吸引力，通常用销售额、利润额和未来发展潜力来评估，越往右市场吸引力越大。纵轴呈现的是营销者的能力适应性（即竞争优势），通俗地说，就是指营销者有多大能力赢得顾客的"芳心"。

在图5-3中，右下角细分市场C，对营销者来说具有一定的吸引力，因为它具有较大的销售额和利润额贡献潜力，但是营销者没有能力赢得这部分顾客，只好放弃。对于左上角细分市场F，营销者具有明显的竞争优势，能够赢得他们的"芳心"，但是这部分顾客对于营销者的销售额和利润额贡献非常少，不值得花费资源。如图5-3所示，营销者的目标顾客只能选择右上角细分市场A和细分市场B，这两部分人群可以给营销者贡献理想的销售额、利润额和品牌声誉，同时营销者也有能力赢得他们的"芳心"。

尽管很多学者对这种评估方法表示认同，但是由于涉及两个维度，选择哪部分为备选目标市场也存在争议。从理论上讲，应该选择市场吸引力和企业竞争优势都强的细分市场。但是，在现实的营销活动中会面对一强一弱的细分市场。一项研究的结论是，企业应该先追求市场吸引力

小但具有相对竞争优势的市场，后追求市场吸引力大但竞争优势处于平均水平的市场（见表5-3）。㊀

表5-3 目标市场选择表

	无市场吸引力	中等市场吸引力	强市场吸引力
弱竞争优势	避免	避免	避免
中等竞争优势	避免	避免	三选目标
强竞争优势	避免	次选目标	首选目标

◀ 小 结 ▶

我们总结一下第5堂课的内容，其核心就是选对目标顾客。首先，回答了什么是目标顾客的问题，他们是营销者营销的对象，具有两个明显特征：一是可以为营销者带来利益和价值贡献；二是营销者有能力赢得他们的"芳心"。其次，回答了为什么要选对目标顾客的问题，原因在于不同的目标顾客在购买同样的产品和服务时，会支付不同的价格，有些给营销者带来的是负价值，有些带来的是小价值，有些带来的是大价值，因此营销者必须选对目标顾客。最后，回答了如何选对目标顾客的问题。一是明确营销者提供的产品和服务的类别，或者说将要进入的行业和领域；二是根据营销者的使命和目标选择目标顾客，并遵循具有市场吸引力和竞争

㊀ 迈克尔 J 贝克. 市场营销百科 [M]. 李垣, 译. 沈阳：辽宁教育出版社, 1998：293-294.

优势两个评估标准；三是进行大众化市场或是小众化市场的选择，是采取薄利多销的低价战略，还是厚利少销的品牌战略；四是针对目标顾客再进行细分，可以按照目标顾客的贡献度进行细分，也可以按照目标顾客的需求和消费特征进行细分，然后根据细分的目标顾客群体，进行精准的营销定位和营销策略组合；五是提供了目标顾客选择的工具，就是通用的细分市场评估矩阵。

最后，我们归纳出第 5 堂课价值千金的一句话：**同样一个产品和服务，卖给不同的人，可以卖出不同的价格，这意味着目标顾客的选择是可以创造价值的，因此必须选对目标顾客。**一家公司、一个品牌、一个人，都是如此。

◀第 6 堂课▶

给目标顾客一个选择的理由

本章要点

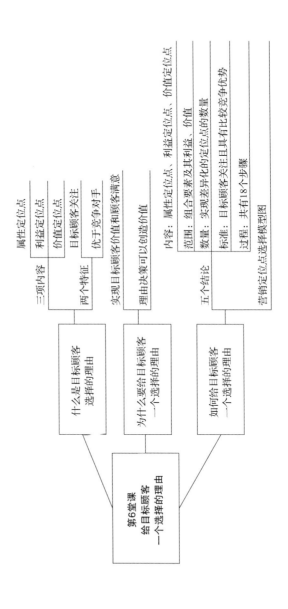

在选对了目标顾客之后，营销者接着需要做的重要营销决策，就是通过营销定位给目标顾客一个选择的理由，目标是避免或弥合营销定位与目标顾客之间的差距。第6堂课讨论三个问题：什么是目标顾客选择的理由？为什么要给目标顾客一个选择的理由？如何给目标顾客一个选择的理由？

什么是目标顾客选择的理由

目标顾客选择的理由究竟是什么？这个问题常常令营销者迷茫，其实是有规律可循的，它有三项内容和两个特征。

1. 目标顾客选择理由所包含的三项内容

目标顾客在购买一个产品时，可能比较关注材料、工艺和外观等属性，也可能比较关注产品属性带来的健康、省心和舒适等利益，还可能比较关注受人尊敬、让人成功和令人幸福等价值。这些决策通常表现为**营销定位点**的选择，因此目标顾客选择的理由包括**属性定位点、利益定位点和价值定位点**三项内容。

（1）三种定位的含义。属性定位点是利益定位点产生的直接原因；利益定位点是指给顾客带来的好处本身；价值定位点是满足顾客的精神感受，解释人为什么要活着，可以理解为人生价值观，表6-1是心理学家米尔顿·罗克奇（Milton Rokeach）归纳出来的价值观调查表，包含18个终极性价值观、18个工具性价值观，工具性价值观也是为终极性价值观服务的。㊀这些都可以成为价值定位点的备选内容。

表6-1 终极性价值观和工具性价值观

终极性价值观		工具性价值观	
1. 舒适的生活	10. 无内心冲突	1. 雄心勃勃	10. 富有想象力
2. 振奋的生活	11. 成熟的爱	2. 心胸开阔	11. 独立
3. 成就感	12. 国家安全	3. 能干	12. 智慧
4. 和平的世界	13. 快乐	4. 愉快	13. 符合逻辑
5. 美丽的世界	14. 救世	5. 整洁	14. 博爱
6. 平等	15. 自尊	6. 勇敢	15. 顺从
7. 家庭安全	16. 社会认同	7. 宽恕	16. 礼貌
8. 自由	17. 真挚的友谊	8. 乐于助人	17. 负责
9. 幸福	18. 睿智	9. 正直	18. 自我控制

例如，佳洁士儿童牙膏的利益定位点是防止蛀牙、牙齿健康，这是给儿童带来的好处本身，为了证明这个利益定位点的存在，就有了属性定位点——含氟，与牙齿健康的利益定位形成了一对一的因果关系。佳洁士儿童牙膏的"让您做个好妈妈"是价值定位点，它与利益定位点"牙齿健康"存在着逻辑上的因果关系，但是并非一对一的因果

㊀ Milton Rokeach. The nature of human values［M］. New York: The Free Press, 1973：28.

关系。图6-1表明了三种定位点之间的关系。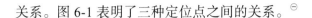

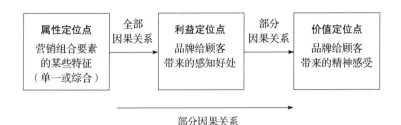

图6-1 三种定位点之间的关系

（2）三种定位点的作用。由前述可知，三种定位点都是为了呈现给目标顾客一个选择的理由，有时是独立使用的，有时是综合使用的。

一是价值定位点在什么情况下是可有可无的？已经差异化。在利益定位点和属性定位点实现了差异化后，价值定位点就变得可有可无。因为在利益定位点和属性定位点实现了差异化，就意味着已经给了目标顾客选择和购买的理由，就可以没有价值定位点了。例如，佳洁士儿童牙膏在推向市场初期，没有直接竞争对手，在"防止蛀牙、牙齿健康"的利益定位点实现了差异化，等于已经给了目标顾客选择和购买的理由，因此就不需要有价值定位点了，至少价值定位点是可有可无的。

二是价值定位点在什么在情况下是必需的？没有差异

○ 李飞. 营销定位［M］. 北京：经济科学出版社，2013：117.

化。如果在利益定位点和属性定位点上没有实现差异化，就必须在价值定位点上给顾客一个选择的理由。比如，佳洁士儿童含氟牙膏推出时，很快取得了市场占有率第一。但是，这个"含氟—牙齿健康"的购买理由太容易被模仿了，竞争对手很快就推出了含氟牙膏，佳洁士儿童牙膏的市场占有率开始下降。在中国市场上，营销者面对这种情况通常选择价格战策略，但是降价并不一定是给了顾客一个选择和购买的理由。因此，当时佳洁士儿童牙膏并没有挑起价格战，而是聚焦于解决目标顾客购买的理由消失和弱化的问题。其思路不是降价，而是强化或是给顾客一个新的购买理由，换句话说，就是持续地给顾客一个选择和购买的理由，由此推出了一个价值定位点。因为顾客已经知道，佳洁士儿童牙膏含氟、防止蛀牙，所以广告语就改为："佳洁士儿童牙膏让您做个好妈妈"。好妈妈是价值定位点，它带来的效果就是，你想成为一个好妈妈，让孩子没有蛀牙，那就用佳洁士儿童牙膏吧！为什么会形成这样的逻辑？因为只有佳洁士儿童牙膏的诉求是"让您做个好妈妈"。其结果是，佳洁士儿童牙膏仍然维持了很长时间的市场占有率第一的位置。

三是在利益定位点相同的情况下价值定位点可以不同吗？可以。不同的利益定位点，可以有相同的价值定位点；

相同的利益定位点，可以有不同的价值定位点。我们更加关注后半句话的应用价值，这意味着如果在利益定位点实现不了差异化，在价值定位点实现差异化也是非常有效的。比如，止疼药的利益定位都是疼痛的缓解或消失，没有实现差异化，但是疼痛的缓解或消失给顾客带来的价值感受是不同的，这就为差异化提供了选择空间，有的止疼药可以选择自信，有的则可以选择快乐，有的可以选择成就感。

四是价值定位点相同可以实现品牌的差异化吗？可以。即使价值定位点相同，表达语句不同，有时也能达到差异化的效果。例如，大部分体育用品品牌目标顾客都是年轻人，年轻人无差异地关注梦想，如果没有价值定位点的诉求，品牌就有可能被边缘化了。耐克广告语是"Just do it"（尽管去做吧），诉求的是梦想，无论成功与失败，去做就好了！李宁的广告语是"一切皆有可能"，诉求的也是梦想，做就有成功的可能。阿迪达斯的广告语是"没有什么是不可能的"，去做就没有什么是不可能实现的。雷同不雷同？雷同！但是三个品牌在目标顾客心目中都有自己的位置。如果诉求的不是梦想，那可能就不是年轻人这个目标顾客群体了。比如诉求的是利益定位点——舒适，那可能就是以中老年人为目标顾客了。

五是利益定位点和价值定位点的目标顾客是相同的吗？不一定。在购买者和使用者相同的情况下，利益定位点和价值定位点的目标顾客是相同的。但是，在购买者和使用者分离的情况下，两个定位点的目标顾客也是分离的，利益定位点常常是针对使用者的，价值定位点是针对购买者的。比如，佳洁士儿童牙膏的"防止蛀牙，牙齿健康"的利益定位点是针对孩子（使用者）的，而"让您做个好妈妈"的价值定位点是针对妈妈（购买者）的。因此在营销实践中，我们有时需要选择两类目标顾客：目标购买者和目标使用者。"有时"是什么时候？就是在购买者和使用者分离的时候。

　　比如，产品和服务作为礼品销售时，购买者和使用者是分离的。中国是一个比较讲人情的社会，送礼是常见的一种现象。当产品和服务作为礼品销售的时候，营销者需要考虑是购买者重要还是使用者重要？当然是购买者重要，购买者（送礼人）自己决定购买什么，而使用者（收礼人）事先并不知道别人会送什么。既然是购买者（送礼人）重要，那么是利益定位点重要还是价值定位点重要呢？因为购买者（送礼人）关注的是价值定位点，使用者（收礼人）关注的是利益定位点，因此在礼品营销中价值定位点更为重要，诉求价值定位点更为有效，尽管在现实生活中大多是诉求利益定位点。想想我们为什么要送礼，大多是为了表达对接受礼品人的爱、关心、友情和感谢等，都是精神价值层面的。

又如，产品的目标顾客是团体时，比如机械设备、办公用品、咨询服务等，购买者和使用者常常也是分离的。在很多情况下，购买者关注的是价值，使用者关注的是利益，但是在现实的营销过程当中，营销者仍然陷入了低价竞标、为客户省钱的利益定位点的竞争之中，甚至常常出现低于成本价销售的情况。实际参与购买决策的人，更多的是关注价值定位点，或许在对公业务中诉求价值定位点更加有效。

这不太容易理解。我们举一个真实的案例。有一家包装公司的销售总监名字叫张立，19年的时间里销售进口包装设备400多套，被称为"销售女皇"。一套包装机少则几百万元，多则上千万元，为什么她的销售业绩这么好？有人开始研究她成功的原因。她说，一个重要的原因是给客户选择的理由,所以自己从不行贿,也从没有请客户大吃大喝过。她解释说,不行贿并不意味着不花钱,她把别人用于行贿的钱给顾客提供合适的产品以及更好的服务,例如,客户包装机出现问题,她迅速组织全世界的技术力量解决问题。同时她说,不行贿不是战术问题,而是战略问题,如果试图通过行贿获得订单,公司的重要资源就会流向行贿方面,无法保证向客户提供更好的产品。她无意中说的一句话,与我们前述的研究结论完全一致。她说:"其实我成功的关键就在于购买我们包装设备的很多采购经理没有出问题,并由于工作出色得到总裁的赏识,获得了升职。"从这个意义上来讲,张立的包装设备给采购经理(购买者)的是价值定位点:职业得到发展,事业更加成功。或许,营销像万花筒一样千变万化,但是这至少为对公业务提供了一个差异化的新视角。

六是传播哪一个营销定位点呢?传播差异化的营销定位点。营销定位点包括属性定位点、利益定位点和价值定位点,在传播的过程当中,就是顾客选择的理由。如果在利益定位点实现了差异化,就传播利益定位点,如佳洁士儿童牙膏上市时，就传播"防止蛀牙、牙齿健康"。但是，为了证明利益定位点的存在，必须补充传播属性定位点，如佳洁士儿童牙膏上市时，不仅传播"防止蛀牙、牙齿健康"的利益定位点，还传播形成这个利益定位的原因——属性定位点"含氟"。利益定位点和属性定位点，两者之间像连体婴儿一样，永远都不能分开，必须同时传播。

如果在利益定位点和属性定位点没有实现差异化，而在价值定位点实现差异化了，就传播价值定位点。这里需要注意，在传播价值定位点的时候，跟属性定位点没有直接的、一对一的因果关系，所以一般不再传播属性定位点了。

另外，产品或服务类别不同适合不同的定位点选择。如果把产品分为功能型产品和形象型产品，那么功能性产品适合诉求利益定位点，形象型产品则适合选择价值定位点。比如香水，是功能型产品还是形象型产品呢？有的人说是功能型产品，应该选择利益定位点。错了，香水不是功能型产品，不能选择利益定位点，因此不能用这样的广告词："用某某香水，让你浑身上下都香！"如果再加上"蚊不叮，虫不咬"就彻底成为花露水了，无法卖出香水的高价。香水不是功能型产品，而是形象型产品，所以广告必须选择价值定位点："让你更加性感和魅惑！"这样自然可以卖出高价来。这种定价策略与成本有没有关系呢？没有直接关系，定价是由定位点决定的。一般来说，功能型产品诉求利益定位点，价格就稍低一些；形象型产品选择价值定位点，价格就稍高一些。

2. 目标顾客选择的理由的两个特征

由前述可知，目标顾客选择的理由是由营销定位点呈现的。因此，无论是目标顾客选择的理由，还是营销者选择的定位点，都必须具备目标顾客关注和优于竞争对手两个特征。

（1）有资格成为购买理由或定位点的第一个特征：一定是目标顾客关注的利益或价值点。当企业面临困难的时候，或者说当营销者觉得自己非常委屈的时候，一定是为顾客做了非常多的事情，但顾客仍然不满意。当一位中层经理觉得委屈的时候，也是感到把身心都给了公司，但领导仍然不给他升职和加薪；当一个人在家里感到委屈的时候也是如此，辛辛苦苦地工作、挣钱养家，家人并不满意。注意，当你觉得自己委屈的时候，常常不是你不辛苦，也不是你不够努力，而是你的努力和辛苦的方向错了，不是对方所关注的。所以，有效的营销定位点必须是目标顾客关注的点，否则做得再好也没有用。

我们以洗发水产品为例,其目标顾客是城镇居民家庭,在20世纪80年代,人们洗发的时关注的是干净,因此洗发水都是追求干净和香味。后来市场竞争激烈化,人们的需求也个性化了。宝洁公司经过研究发现,人们在洗头发时关注的利益点多元化了,有人关注去头屑,有人关注柔顺,有人关注营养等,但是竞争对手没有推出相应的细分产品,于是宝洁公司针对目标顾客关注点的不同推出了不同的洗发水,针对去头屑的关注点推出了海飞丝,针对柔顺的关注点推出了飘柔,针对营养的关注点推出了潘婷。似乎整个中国的洗发产品市场都让宝洁占领了。但是,联合利华研究发现,中国人都是黑头发,洗发时有强烈的黑发诉求,进而推出了满足黑发诉求的夏士莲并取得了成功。这些都是把目标顾客关注的要素作为定位点,进而给了目标顾客清晰的选择和购买的理由。

一些流行的广告语,尽管花了上亿元的广告费,也没有给目标顾客一个选择的理由,就是忽视了目标顾客关注的利益或价值点。例如,广告语"鄂尔多斯羊绒衫,温暖全世界"容易让人联想到太阳,与顾客没有建立起直接的情感联系,不如改为"鄂尔多斯羊绒衫,温暖您和您的家人"更触动顾客的心灵,因为与顾客有了直接的关系。我们举一个假想的例子,如果有人跟我说:"李老师,我爱全世界！"我会说："呵呵，你爱去吧！跟我说这个干什么！"但如果有人跟我说"李老师，我爱您"，则会打动我的心灵，让我心跳加快。类似的例子还有很多，比如我们曾经听到过的广告词："恒源祥，羊羊羊！""我属牛，牛牛牛！""我属虎，虎虎虎！"你爱属什么属什么，和顾客没有关系。诸如此类的广告都花了大量的广告费，或许也增加了销售额，但这是由于知名度的提高而增加的，并没有给顾客一个选择和购买的理由。这种广告语在40年前是有效的，今天或许在五级市场还有效，但在一二级市场已经变得无效了。所以，需要重新给顾客一个选择和购买的理由。

（2）有资格成为购买理由或定位点的第二个特征：一定是在目标顾客关注的利益或价值点上优于竞争对手。目标顾客关注的点，才有资格成为购买理由，将其做得优于竞争对手，才表明购买理由成立，因此必须努力做到好上加好。目标顾客不关注的点，做得一般就可以了。如果在目标顾客最为关注的点上无法做得优于竞争对手，在目标顾客第二关注点上做成了优于竞争对手也是有效的。

> 在短信开始流行的时候，有一个众人皆知的鸭子和螃蟹赛跑的笑话。两者同时到达了终点，没

有决出胜负。这时螃蟹耍了一个心眼,对鸭子说:"咱们俩别再跑了,太累了,我们石头剪子布决定胜负吧!"鸭子没有上当,说:"去你的,我永远也赢不了!我一出就是布,你一出就是剪子。"目前,很多公司不如鸭子聪明,面对竞争对手的剪子一出就是布。你推出一种中式快餐,目标顾客和营销定位点与麦当劳、肯德基等西式快餐都不同,但非得要说打败麦当劳、肯德基;你推出一种茶饮料,目标顾客和营销定位点与碳酸饮料可口可乐、百事可乐都不同,但非得要说打败可口可乐、百事可乐。这些都等于面对竞争对手的剪子,一出就是布。在定位选择的过程当中,我们应该躲开强大的竞争对手,躲开竞争对手强大的方面,找到自己生存和发展的空间,也就是竞争优势。

总之,这两点缺一不可。当你觉得委屈的时候,你要知道,不是你工作不努力,而是你努力的方向错了,把很多的资源、精力、时间和金钱都花在了目标顾客不关注的点上。只要调整到目标顾客关注的点上,做得优于竞争对手,问题就可以轻易地得到解决。

为什么要给目标顾客一个选择的理由

这个问题也可以理解为，为什么要进行营销定位点的选择。有两个非常充分的理由：一是有了选择的理由，顾客才会觉得值得和满意；二是不同的选择理由会有不同的价值，即营销定位点的选择可以创造价值。

（1）理由之一：**营销定位点（顾客选择的理由）是顾客选择的原因**。干什么事情都是有理由的，顾客的选择和购买行为也是如此。通过营销定位点的设计，给目标顾客一个选择的理由，这样他们才会产生选择、购买和偏爱的行为，才会感觉值和满意。一个人爱另一个人，领导给某位员工升职和加薪，顾客持续地购买某品牌的产品和服务，都在于营销者给了他们爱、升职加薪、持续购买的理由。所以，你不要抱怨人家不爱你，不要抱怨领导不给你升职和加薪，也不要抱怨顾客不购买你的产品。营销者首先要反思的是：是不是持续给了他们一个做你所期望的事情的理由。世上任何事的达成，无非都是给别人一个选择的理由。

（2）理由之二：**营销定位点（顾客选择的理由）的选择是可以创造价值的**。例如，哈根达斯冰激凌刚进入中国市场的时候，一个大球要卖100多元钱，一个国产冰激凌球才5元钱,哈根达斯凭什么卖那么贵?后来冰激凌市场竞争激烈,哈根达斯大球降价到50元钱,中球25元钱左右。我们以大球为例,一个哈根达斯大球冰激凌卖50元钱,有的国产品牌大球仅卖5元钱,为什么差10倍?有人说因为哈根达斯更好吃,好吃是利益定位点,通常不会贵10倍。贵10倍的原因一定是价值定位点,哈根达斯的广告语是:"你爱她就请她去吃哈根达斯吧!"你爱她请她去吃哈根达斯,结果才5元钱,那她可能觉得只是吃到了冰激凌而已!你爱她请她去吃哈根达斯,50元钱一个球,其中5元钱是冰激凌,剩下的45元钱是爱。所以,价值定位点会产生非常大的溢价。

鲜花的例子也可以说明这一点。买一支玫瑰装点办公室,人们愿意支付2元钱。但在情人节,买一枝玫瑰花来表达对爱人的爱意,人们愿意花20元甚至200元钱,贵了10倍甚至100倍。这意味着,同一位顾客购买同样的产品和服务,营销定位点不同,可以卖出不同的价格。可见营销定位点的选择是可以创造价值的,其创造的价值甚至比营销组合四个要素创造的价值还要大,并且不需要花费什么成本。

总之,目标顾客有了选择的理由才会购买,购买的理由不同会支付不同的价格,因此必须通过营销定位的恰当决策，给目标顾客一个选择、购买和偏爱的理由。

如何给目标顾客一个选择的理由

如何给目标顾客一个选择的理由？通过营销定位决策来实现，而营销定位决策就是属性定位点、利益定位点和价值定位点的选择过程。据此，我们在归纳相关研究结论的基础上，创建了营销定位点选择模型图。

1. 营销定位点选择的相关结论

通过我们的研究，可以归纳出营销定位点选择的五个结论，涉及选择内容、范围、数量、标准和过程等方面。

（1）定位点选择的内容。它包括属性点、利益点和价值点三个内容，换句话说，定位点首先要确定是在属性定位点、利益定位点和价值定位点三个方面的哪一个或哪几个内容上。利益定位点是满足顾客的效用（或功能）需求，属性定位点是利益定位点产生的原因，价值定位点为给顾客带来的是人生价值层面的精神感受。

（2）定位点选择的范围。属性定位点的选择范围，是产品（包括服务）、价格、分销和传播营销组合要素及它们的各个属性维度，有时是一个组合要素的一个属性维度，有时是一个组合要素的几个属性维度,有时是几个组合要素的几个属性维度。利益定位点的选择范围,是产品(包括服务)、价格、分销和传播营销组合要素的单个要素或综合要素带来的所有利益。价值定位点的选择范围,是心理学家米尔顿·罗克奇提出的人生价值观的18个终极性价值和18个工具性价值。

(3)定位点选择的数量。在一般情况下,属性定位点、利益定位点和价值定位点三者都是不可缺少的,利益定位点和价值定位点用于满足顾客需求,是企业营销的目的,体现的是独特性(优于竞争对手)和必要性(满足顾客关注的利益点);属性定位点提供利益定位点实现的依据,体现的是可信性,用于营销组合策略的制定。

在利益定位点或属性定位点已经实现了差异化,价值定位点就变得可有可无了;如品牌在利益定位点或属性定位点没能实现差异化,就必须通过价值定位点来实现差异化。一个利益定位点,可能由几个属性点来支撑;同理,一个价值定位点可能由几个利益点来体现,但是在与目标顾客沟通时不一定全部提及,有时仅强调一个主要定位点即可。

至于定位点选择的数量,第一个原则是越少越好,如果超过三个,目标顾客不容易记住;第二个原则是在几个定位点实现差异化，就选择几个定位点；第三个原则是价值定位点一般为一个，利益定位点一般不超过三个，属性定位点一般也不超过三个。

（4）定位点选择的标准。由前述可知，该标准包括目标顾客关注、具有比较竞争优势两个标准，同时两个标准还衍生出第三个标准，即具有可信性。每一个标准都是不可缺少的。

（5）定位点选择的过程。该过程三个阶段：首先确定利益定位点，然后确定价值定位点，最后确定属性定位点。因为利益定位点和价值定位点都需要属性定位点最终呈现，并让目标顾客感知到，因此属性定位点选择放在最后。在选择定位点的过程中，还要考虑目标使用者和购买者是否分离，如果两者分离就要考虑三个定位点的对象可能分别是使用者和购买者，但是传播大多是针对购买者进行的，因此，针对购买者的定位点常常会成为传播的重点内容，有时为了使顾客相信利益定位点，还要在传播中强调属性定位点。

2.营销定位点选择模型图

在前述研究结论的基础上，我们可以建立一个相对完整的营销定位点选择模型图（见图6-2）。

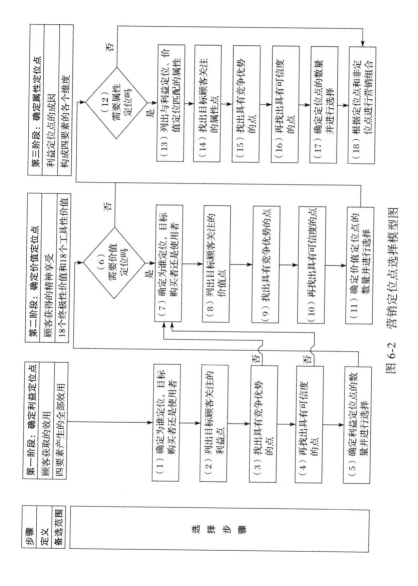

图 6-2 营销定位点选择模型图

图6-2模型呈现出营销定位点选择的三个阶段：一是确定利益定位点在哪里。利益定位点是指给顾客带来的好处本身，选择的范围是营销组合四个要素给顾客带来的所有利益，选择的标准是目标顾客关注、具有竞争优势且具有可信性的利益点，然后确定选择利益定位点的数量并进行选择。二是确定价值定位点在哪里。首先分析是否需要价值定位，如果在利益定位点没有实现差异化，就需要选择价值定位点，实现差异化，价值定位点甚至是人们活着的目的，选择的范围是18个终极性价值和18个工具性价值，选择的标准是目标顾客关注、具有竞争优势且具有可信性的价值点，然后确定价值定位点的数量并进行选择。三是确定属性定位点在哪里。属性定位点是利益定位点产生的原因，选择的范围是营销组合四个要素及它们的各个维度，选择的标准是目标顾客关注、具有竞争优势且具有可信性的利益点，然后确定属性定位点的数量并进行选择。最后根据营销定位点进行营销要素组合，共有18个步骤。

◀ 小 结 ▶

我们总结一下第6堂课的内容，其核心就是给目标顾客一个选择和购买的理由。什么是给顾客选择和购买理由呢？

它是通过营销定位实现的，包括属性定位点、利益定位点和价值定位点，它们具有目标顾客关注和优于竞争对手的特点。为什么要给目标顾客一个选择的理由呢？因为它是目标顾客购买的原因，同时购买理由或营销定位点的选择是可以创造价值的。如何给顾客一个选择的理由呢？可以通过营销定位点选择模型来实现，包括利益定位点的选择、价值定位点的选择和属性定位点的选择，该模型分三个阶段，共包含 18 个步骤。

最后，我们归纳出第 6 堂课价值千金的一句话：**同样一个产品和服务卖给同一个人，营销定位不同，可以卖出不同的价格，可见营销定位点的决策是可以创造价值的。**一家公司、一个品牌、一个人，都是如此。

◀第 7 堂课▶

让目标顾客感知到选择的理由是真实存在的

第7堂课 让目标顾客感知到选择的理由是真实存在的

本章要点

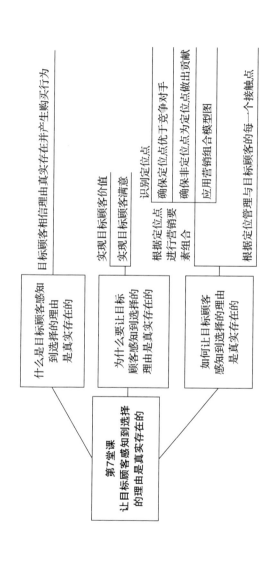

第 6 堂课讨论了如何给目标顾客一个选择的理由，营销者没有确定这个理由不行，但是确定了这个理由之后，没有让目标顾客感知到也是没有意义的。所以，第 7 堂课讨论让目标顾客感知到选择的理由是真实存在的。这堂课回答三个问题：什么是目标顾客感知到选择的理由是真实存在的？为什么要让目标顾客感知到选择的理由是真实存在的？如何实现让目标顾客感知到选择的理由是真实存在的？目标是避免和弥合营销组合策略与营销定位点之间的差距。

什么是目标顾客感知到选择的理由是真实存在的

顾客感知选择的理由是真实存在的，是指营销者的品牌或产品被选择、购买和偏爱的理由，的的确确让目标顾客通过感官和心灵感受到了，使他们相信这个理由是真实存在的，并产生相应的购买行为。

要做到这一点并非易事，尽管很多品牌花费重金、利用线上线下进行广告和公关轰炸，但是并没有使目标顾客相信选择、购买和偏爱的理由真实存在。

例一 在某家互联网门户网站，充斥着多种白酒的广告，广告语都是相似的语言结构。初期是："30 块钱的酒，你能喝出 1500 元钱酒的口感来。"后来又发展为："我们全家承诺，你会喝出 1500 元钱酒的口感，否则我们将进行 10 倍补偿。"即使这是真实的，这种广告语也令人怀疑！1500 元钱酒的口感是什么口味很难评价。同时，30 元钱的酒为什么能喝出 1500 元钱酒的口感来？如果真能喝出 1500 元钱的口感，为什么价格不提高一些？提高一些更容易让目标顾客相信。因为当人们无法判断一种产品的好坏时，通常会用价格的高低来判断。这说明在广告和定价两方面的策略都出现了与购买理由不协同问题。

例二 在若干年前，有一个品牌的冬虫夏草产品以粉末的形态销售，广告声称是由真正的冬虫夏草原料制成的。这即使是真的，也不太容易让顾客相信，因为冬虫夏草假货很多，顾客在购买冬虫夏草的时候非常关注虫草体的完整性，或者将其作为真伪的一个判断标准，甚至有时看到虫草体的原形态，还怀疑它是假的！如果把它打成粉末，装到胶囊里，顾客就更不容易相信了。这是在广告和产品两方面的策略都出现了与购买理由不协同问题。

例三 有人说，茅台酒入围了世界顶级奢侈品品牌的行列，奢侈品的目标顾客会相信这个购买理由吗？不会。尽管茅台酒的零售价格和股市价格达到了高水平，并且还会继续提高，但是这些不是奢侈品目标顾客眼中的奢侈品品牌的核心标志。奢侈品品牌除了价格较高的标志之外，还有文化标志、艺术标志、雅致标志、生活方式标志甚至美德标志等。这意味着奢侈品品牌首先应该是一个让这个世界更美好、做有美德的生意的品牌，然而该公司多名高层管理者贪污受贿，大大损害了茅台酒的品牌形象。我们在网上看到一张茅台酒加盟店开业剪彩的照片：五位身着深色服装的商务人士剪彩带，六位穿着旗袍像宾馆服务员的礼仪小姐端着盘子和提着丝绸带，店标为"贵州茅台集团茅台专卖店"。首先，奢侈品品牌店的店标就是品牌名称或（和）标识，如路易威登、香奈儿，几个字就行了，绝对不会说什么集团什么专卖店。其次，在开业剪彩时一般不会剪彩带，剪彩带是浪费。有人说奢侈品品牌本身就是浪费，实际上它不是浪费，它是把世界上最稀缺的材料，通过复杂的工艺，制造出美轮美奂的产品，让顾客长久享用。换句话说，它是把世界上最好的东西做成最好的产品让人们长期使用，而不像日常生活用品那样用完就扔了。所以，在本质上，奢侈品品牌不是浪费，而是节约。因此，我们很难看到奢侈品品牌在开业剪彩时剪彩带，那才是浪费。最后，奢侈品品牌在开业剪彩时，嘉宾不是官员，也很少有商务人士，最为重要的嘉宾是体现品牌价值的艺术家和文体明星等。目前的茅台酒品牌，除了价格有奢侈品品牌的特征之外，其他方面的特征还是非常欠缺的。因此，它的购买理由不是奢侈品品牌这一点，或许是增值保值，或许是有面子，或许是其他。

为什么要让目标顾客感知到选择的理由是真实存在的

消费者行为的研究结果表明，顾客的购买行为有一个复杂的过程，首先是知晓一个品牌或产品，如果有兴趣会对其继续了解，了解以后会有感知，如果是正向感知就有可能产生偏爱，产生偏爱以后，就可能产生购买行为，购买后开始使用，使用了以后，便会对品牌产品产生感觉和印象，进而决定是否再次购买等，是一个循环往复的过程。

因此，要使目标顾客持续地购买某一个品牌或产品，就必须让目标顾客感知到选择的理由是真实存在的。一方面，让顾客在购买之前真正相信存在着一个购买理由，进而产生真正的购买行为，否则就会放弃购买。因此，要让目标顾客感知到选择的理由是真实存在的，第一个内容就是让目标顾客在购买之前相信这个品牌或产品是物有所值的。另一方面，让顾客在购买和消费之后真正感到满意，产生再次购买的理由，进而产生持续的购买行为，最终成为忠诚顾客。因此，让目标顾客感知到选择的理由是真实存在的，第二个内容就是让目标顾客在购买和消费之后感到满意。可见，给目标顾客的选择理由，最终结果会体现为顾客价值和顾客满意，前者使目标顾客产生购买行为，后者使目标顾客产生再次购买行为。

公司想基业长青，需要持续地增加销售收入和利润，那么就需要持续地让顾客感知到并相信选择的理由是长期存在的，这一点要求营销者进行长期规划，否则会为品牌发展埋下隐患。例如，早期广药集团将红罐王老吉商标授权给加多宝公司使用，加多宝给目标顾客的购买理由是凉茶（属性定位点）和预防上火（利益定位点），广告语是"凉茶的市场领导者"，加多宝通过营销组合策略让顾客相信了"预防上火"这一购买理由。据统计，加多宝的年销售额曾经超过100亿元。后来，两家公司产生合同纠纷，终止了合作，广药集团收回了红罐王老吉商标。此时，加多宝集团推出了红罐的加多宝凉茶产品，将顾客对红罐王老吉的购买理由直接移植到了红罐加多宝品牌上，重复凉茶（属性定位点）和预防上火（利益定位点）的购买理由，广告语是"加多宝是凉茶的市场领导者"。同一家公司，经营王老吉时说王老吉预防上火，经营加多宝时说加多宝预防上火，忽略了目标顾客的感受，从而使凉茶的整个目标顾客群体产生了怀疑，加多宝没能持续地提供选择的理由。一些短命的品牌大多如此，没有持续地给目标顾客以选择和购买的理由。

总之，只有让目标顾客感知到选择理由是真实存在的，顾客才会购买；只有让目标顾客感知到选择理由仍然存在，顾客才会再次购买；只有让目标顾客感知到选择的理由持续存在，顾客才会持续购买。

如何让目标顾客感知到选择的理由是真实存在的

通过营销定位点的决策，可以设计或规划一个目标顾客选择的理由。如何让目标顾客相信这个理由是真实存在的？从逻辑上来说，要赢得信任，营销者（无论公司或个人）必须具备两个特质——友善和专业，二者缺一不可。如何才能让目标顾客感受到友善和专业呢？这是装不出来的，必须回到第4堂课所讲的：使命美好，言为心声，言行一致，追求完美。除此之外，还要做好基于逻辑营销管理的营销要素的组合。

1. 根据定位点进行营销要素组合

这里涉及两个问题：组合什么？如何组合？至于组合

什么的问题，对于有形产品，营销组合要素包括产品、价格、分销和传播（或沟通）四个要素；对于无形服务来说，营销组合要素包括产品、服务、价格、店铺位置、店铺环境和传播（或沟通）六个要素。

至于如何组合的问题，尽管1953年就有了营销组合的概念，但是到现在还没有讲到营销组合的实质，很多营销管理的教材都是一个要素一个要素地讲，产品应该怎么做，服务应该怎么做，价格应该怎么制定，分销渠道应该怎么选择，广告传播怎么做。但是，这些组合要素之间并没有有机地融合在一起。

我们通过研究发现：让目标顾客感知到选择理由（定位点）的真实存在，必须通过与顾客的每一个接触点来完成，而与顾客的全部接触点分别归属于营销组合的四个或六个要素。这就要求每一个营销组合要素都要为定位点做出相应的贡献，在定位点这一方向上达到一致。为此，我们提出了一个根据定位进行营销要素组合的模型（见图7-1）。

显然，根据定位点进行营销要素的组合是定位点确定后的行为。因此，其决策主要包括三个步骤：识别定位点；确保定位点优于竞争对手；确保非定位点为定位点做出贡献。

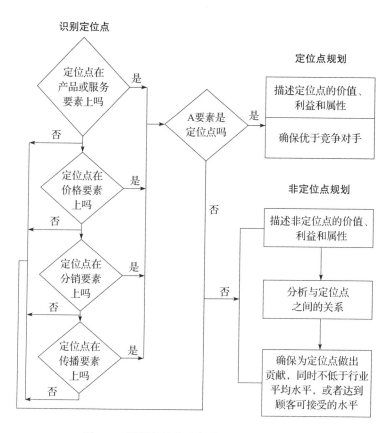

图 7-1　根据定位点进行营销组合的模型图

（1）识别定位点。重温或判断定位点在营销组合的哪一个要素上：定位点在产品要素上吗？如果不在产品要素上，在服务要素上吗？如果不在服务要素上，在价格要素上吗？或是在分销要素上吗？或是在传播要素上吗？定位点总是在一个或两个组合要素上。假如定位点在产品要素上，还要看在产品要素的哪一个属性、利益或价值定位点上，营销组合要素本身不是定位点，定位点是给顾客带来的独特的利益或价值。因此，要确定是产品质量好带来的省时间，还是产品款式好带来的时尚感等。例如，一个奢侈品品牌定位点在产品上，但是产品要素还有很多利益或价值点，如时尚、奢华、个性、成就、开心等多种选择，此时都需要明确。

（2）确保定位点优于竞争对手。重温定位点及所在的位置之后，接着就需要将密切相关的部分按照定位点的要求进行规划，保证优于竞争对手。例如，如果奢侈品的定位点是奢华的体验，就需要在这一点上做得比竞争对手更加奢华。沃尔玛的定位点是天天低价（属性定位点）和省钱（利益定位点），定位点在价格这一要素上，就需要比竞争对手的价格更低，并且不是偶尔低价（如促销行为），而是天天低价。

（3）确保非定位点为定位点做出贡献。非定位点所在要素也是非常重要的，因为顾客不只是通过定位点的表现来感受选择理由是否存在，而是通过营销组合整体来感受选择的理由是否存在，非定位点要素对定位点产生副作用，或者低于顾客可接受的水平，顾客选择的理由就会消失。因此，非定位点及其所在的营销组合要素必须做到：一是为定位点做出贡献，二是不低于行业平均水平，或者达到顾客可接受的水平。

例如，一个奢侈品品牌的定位点为奢华体验，这个定位点主要是在产品要素上，这是目标顾客选择、购买和偏爱的理由。这个品牌的奢华感，一定优于竞争对手，包括产品的材料、工艺、形态、商标、包装和服务等，都体现得更加奢华。

大家想一想，此时价格这个要素是定位点所在的位置吗？不是，定位点在产品上了，但是价格也必须为定位点"奢华体验"做出贡献。那么，应该采取什么样的价格策略呢？必须采取稳定的高价策略才能体现奢华，这与奢侈品的成本没有关系，而是由定位点决定的。那么在其他营销组合要素不变的情况下，是不是价格越高越能体现奢华呢？是的。那么就把价格无限制地提高可不可以呢？不可以。虽然价格越高越能体现奢华，但价格过高可能会超过顾客可接受的水平，有关奢华的选择、购买和偏爱的理由就消失了。因此，需要在体现奢华和顾客可接受水平之间，找到一个价格的合适位置。

此时分销是定位点所在的位置吗？不是。虽然分销不是定位点所在位置，但它必须为奢华这个定位点做出贡献，同时不低于行业平均水平，并且达到顾客可接受水平。为了体现奢侈品的奢华，奢侈品应该放到哪里去销售呢？它必须放到有奢华感的零售终端去销售，比如高档的百货商店、豪华的购物中心以及机场免税店等场所。为了体现奢华，仅在罗马或巴黎开一家顶级专卖店行不行？不行。这虽然更能体现奢华感，但没有达到目标顾客可接受的水平，全球目标顾客都打着"飞的"到巴黎或罗马去找那家唯一的店铺去购买，恐怕难以接受。因此，应在世界的几大时尚之都开设专卖店。

此时，传播是定位点所在的位置吗？不是。但是，传播必须为奢华的定位点做出贡献，如何体现呢？广告和公关传播的内容必须围绕定位点，其诉求为"奢华"。

总之，营销组合的每一个要素都要为定位点做出相应的贡献，这样目标顾客才能感受到这个奢侈品品牌是奢华的，自然会产生相应的购买行为，并且会溢价购买。

这是我们强调的第一个问题，根据定位点进行营销要素的组合，使每个营销组合要素的每一个属性都为定位点做出相应贡献，同时不低于行业平均水平或达到目标顾客可接受的水平。

2. 根据定位点管理与目标顾客的每一个接触点

这是根据定位点进行营销要素组合思想的延伸，因为

第7堂课　让目标顾客感知到选择的理由是真实存在的

与顾客的全部接触点，最终都体现在营销组合四个或六个要素的具体属性维度。每一个接触点都应努力为定位点做出贡献，这就意味着营销组合要素的每一个属性维度都不能对定位点产生负面作用。

我们已经进入全渠道营销的时代，全渠道营销的含义就是线上线下融合营销。全渠道购买流程图如图7-2所示。顾客购买产品的过程一般经历三大阶段。第一阶段，收集信息。目前已经是线上线下交替进行收集，可能先浏览门户网站，然后去实体店看实物，或者顺序相反，接着可能在社交网络上进行评价或跟朋友进行讨论。第二阶段，完成购买。大体经历挑选、下单、付款、取货等环节，在这个过程当中，顾客是线上线下跳跃式完成的，可能是在线上下单和付款，但在线下取货；可能是线上下单和付款，线上获得商品（如数字产品等）。第三阶段，使用评价。顾客使用产品时，需要线下线上的服务，使用后还会对使用结果进行评价，评价反馈可能在线上完成，也可能在线下完成。这意味着顾客在购买产品的过程中，在每一个阶段都有可能是线上线下融合的。㊀

可见，品牌与目标顾客的接触点有很多，少则十几个，多则几十个甚至上百个，每一个接触点都保持与定位点一致，是营销组合策略的目标，也是让目标顾客感知到选择

㊀ 李飞. 零售革命（修订版）[M]. 北京：经济科学出版社，2018：122.

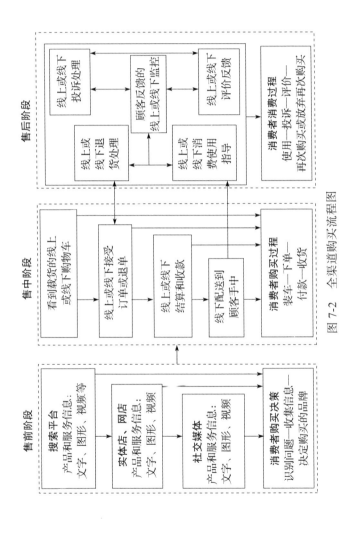

图 7-2 全渠道购买流程图

的理由真实存在的必备手段。如果有 100 个接触点，其中 99 个为定位点做出贡献，而另 1 个与定位点相违背，那么顾客就会怀疑定位点及购买理由是否真实存在。

例如，多年前有一个服装品牌的诉求是"温暖"，在电视台的广告宣传的是"温暖全世界"，在机场及北京街头的灯箱广告呈现的都是时尚的外国模特，似乎是想通过时尚体现温暖，或者是为突出时尚和温暖两个特质（这些是否合适都是值得讨论的）。但是，多年前有顾客去农贸市场曾经看到过该品牌的专卖店，这是与时尚和温暖的诉求相背离的，抵消了巨额广告费带来的部分效应。这几年我们看到很多公司的创始人或总裁为自己的产品代言，效果令人怀疑。这需要确定企业领导人的形象、言谈举止和气质，是不是与公司的品牌形象相一致。如果一致，勉强可以接受；如果不一致，就会对品牌形象产生损害。且不说这家服装品牌的定位点是否是目标顾客选择的理由，仅看与目标顾客的接触点就会发现它没有传递一致性的利益或价值点诉求，从而形成了信息传递的噪声。

燕京啤酒的广告也是值得商榷的。其形象代言人原来是演员陈宝国，后来换成了演员何正军，二人都是非常优秀的演员，无论是人品还是演技都很优秀。其广告语是"燕京啤酒，清爽感动世界"。我们第一要问：燕京啤酒怎么清爽了？有人说冰镇后就清爽了，但是任何品牌的啤酒冰镇后都可以清爽，因此没有与竞争品牌形成差异化，不能形成购买理由。我们还有第二问：你说燕京啤酒清爽感动世界，燕京啤酒怎么感动世界了？有人开玩笑说："喝多了就感动世界了。"但是任何啤酒喝多了都会感动世界，这也没有形成燕京啤酒独特的购买理由。我们还有第三问：即使燕京啤酒是清爽和感动世界的，那么顾客在选择啤酒品牌的时候关注这两个利益点吗？不关注，就没有资格成为定位点，因无法成为目标顾客选择的理由。假如目标顾客就是因为清爽和感动世界而选择了燕京啤酒品牌，我们还有第四问：陈宝国、何正军怎么清爽了？陈宝国和何正军怎么感动世界了？他们两位是优秀的演员，但是与品牌价值诉求的清爽和感动世界没有关系。该公司花了上亿甚至数亿元的广告费，多年没有改变广告的核心形式和核心内容，自然会影响燕京啤酒市场份额的提升和销售额的健康增长。有人会问：这种分析是不是有点吹毛求疵了？没有。由于没有在与目标顾客的全部接触点形成一致的定位，因此难以给目标顾客一个充分的选择理由。

我们举一个正面的例子。1886年可口可乐公司成立，百事可乐公司比它晚了17年，成立于

第 7 堂课 让目标顾客感知到选择的理由是真实存在的

1903年,属于后进入者和弱小者,但进入市场以后很快就取得了成功。为什么?用我们的框架分析,就是它实施了逻辑营销管理。百事可乐成功的第一个原因:选对了目标顾客。可口可乐的目标顾客是所有年龄段的人,当然也包括年轻人,但百事可乐选择的目标顾客是碳酸饮料的重度消费者,也就是年轻人。百事可乐成功的第二个原因:给了目标顾客一个选择的理由。那么,这个理由是利益定位点、属性定位点,还是价值定位点呢?显然它的属性定位点和利益定位点相同于可口可乐分别是碳酸饮料和解渴提神,两者没有形成差异化,不是目标顾客选择的理由。百事可乐给出的选择理由是价值定位点:青春、激情和活力。这正是它的目标顾客——年轻人关注的。可口可乐强调的则是传统和正宗,更会吸引中老年客户群体。百事可乐成功的第三个原因:让目标顾客感知到选择的理由是真实存在的。怎样才能让顾客感知到这个理由是真实存在呢?通过营销组合四个要素以及与目标顾客的每一个接触点来体现青春和活力,同时非定位点达到目标顾客可以接受的水平。百事可乐的口味和包装等都进行了相应的调整，更加体现青春和充满活力；价格达到了年轻人可接受的水平；分销到年轻人经常聚集的场所，聚集是青春能量释放的一种方式，这种场所便于年轻人购买；传播围绕着青春活力和激情进行规划与实施，我们看百事可乐的广告语常常出现"新一代""青春""活力""渴望""突破""激情"等词，选择的形象代言人也都是当时最能体现青春、活力和激情的文体明星，如张国荣（1988年），刘德华（1993年），郭富城（1997~2004年），王菲（1997年），陈慧琳和陈冠希（2001年），郑秀文、周杰伦和F4（2002年），蔡依林（2003年），古天乐（2005年），谢霆锋（2005年），罗志祥和黄晓明（2008年），韩庚、杨幂和姚明（2012年）等。对比燕京啤酒，两者存在很大的不同，自然也就成了不同层次的品牌。

3. 根据定位点进行营销组合的案例

通过对宝洁公司佳洁士（Crest）儿童牙膏的上市和发展进行分析，我们得出了它根据定位点进行营销组合的模型图（见图7-3），由图可以清晰地看到佳洁士儿童牙膏是如何让目标顾客感知到选择的理由真正存在的。

第7堂课 让目标顾客感知到选择的理由是真实存在的

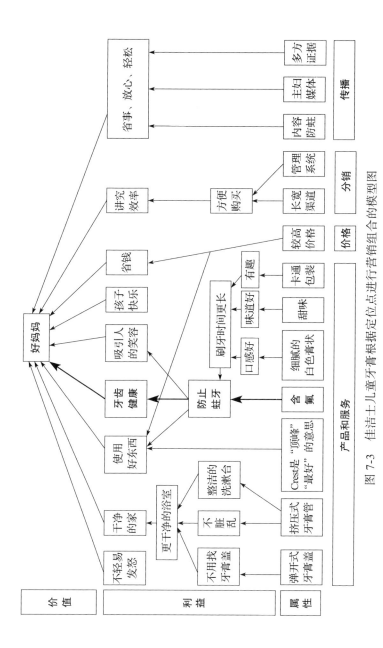

图7-3 佳洁士儿童牙膏根据定位点进行营销组合的模型图

（1）重温已经确定的定位点。佳洁士儿童牙膏的价值定位点是"让您做个好妈妈",利益定位点是"防止蛀牙,牙齿健康",属性定位点是"含氟",将这三个定位点连接在一起,就形成了定位线,定位线清晰地呈现出目标顾客选择的理由是什么。在没有含氟牙膏等竞争性品牌的情境下,这个理由是"防止蛀牙,牙齿健康"。当竞争对手也推出含氟牙膏之后,表明给予目标顾客的理由消失或弱化了,就必须给予目标顾客新的理由,这个理由就是"让您做个好妈妈"。

（2）根据定位点进行营销要素组合。佳洁士儿童牙膏通过营销组合要素的有机组合,让目标顾客在每一个接触点都能感受到定位线的真实存在。由于篇幅所限,这里我们仅仅描述图 7-3 中的部分内容。

一是产品方面。这是定位点所在的营销要素,必须优于竞争对手。从包装看,为了让目标顾客感受到自己是好妈妈,家里的洗漱室要干净,而洗漱室要干净,就要求挤牙膏时牙膏包装不掉漆皮。原来的牙膏皮是锡箔制作的,然后涂上漆,挤来挤去,洗漱台上就会散落着掉下的漆皮。佳洁士儿童牙膏的包装改为可挤压式牙膏管,浴室自然就干净了。从品牌看,名称 Crest（佳洁士英文名）是"顶峰""最好"的意思,为孩子选用最好的产品,体现了妈妈对孩子的关爱。从形态看，牙膏为细腻的白色膏状，会使顾客感到清洁和健康。从材料看，加氟和甜味剂，前者的功效是防止蛀牙、牙齿健康，后者的功效是产生甜味，增加孩子的刷牙时间，二者都为防止蛀牙、牙齿健康的利益定位点做出相应的贡献，同时让母亲感到自己是个好妈妈。

二是价格方面。这是非定位点所在的营销要素，必须为定位点做出贡献，同时达到顾客可接受的水平。因此，佳洁士儿童牙膏采取了较高价格的策略，就是为了证明牙膏不仅能洁净牙齿，还具有药用功能，可以防止蛀牙。假如采取较低价格的策略，就会让目标顾客对牙膏的药用功能产生怀疑，自然也就弱化了目标顾客选择和购买的理由。同时，在其他条件不变的情况下，价格越高越能证明牙膏具有防止蛀牙的药用功能。那么把价格无限制提高行不行？不行。因为非定位点所在的要素规划还有另外一个限制，就是价格必须处于目标顾客可接受的水平，毕竟它只是一管牙膏，不能贵得离谱。

三是分销方面。这也是非定位点所在的营销要素，必须为定位点做出贡献，同时达到顾客可接受的水平。因此，佳洁士儿童牙膏一方面在药妆店销售，证明其有防止蛀牙、牙齿健康的药用功能，为"好妈妈"这一价值定位点做出相应的贡献；另一方面，还在便利店和超市销售，以满足妈妈们购买的便利性需求，即达到她们可以接受的水平。

四是传播方面。这也是非定位点所在营销要素，必须为定位点做出贡献，同时达到顾客可接受的水平。因此，佳洁士儿童牙膏传播选择的媒体，都是妈妈们经常接触的媒体；传播内容就是围绕着定位线"含氟—防止蛀牙—牙齿健康—好妈妈"进行选择。

这意味着佳洁士儿童牙膏营销组合的每一个要素，以及和目标顾客的每一个接触点，都在努力地让目标顾客感知到佳洁士儿童牙膏是"含氟""防止蛀牙，牙齿健康""让您做个好妈妈"的品牌，进而感知到选择的理由是真实存在的。

◀ 小 结 ▶

我们总结一下第7堂课的内容，其核心就是让目标顾客感知到选择的理由是真实存在的。一是回答了什么是顾客感知到选择的理由是真实存在的，指让目标顾客通过感官和心灵感受到了这个理由，使他们相信这个理由是真实存在的，并产生相应的购买行为。二是回答了为什么要让顾客感知到选择的理由是真实存在的，因为顾客价值决定顾客是否购买，顾客满意决定了顾客是否再次购买，顾客忠诚决定了顾客是否会持续购买一个品牌的产品和服务,从而决定了组织能否永续发展。让目标顾客感知到选择理由是真实存在的,才能实现顾客价值和顾客满意,才能使组织基业长青。三是回答了如何让目标顾客感知到选择的理由是真实存在的,我们提出了一个根据定位点进行营销组合的模型,其核心是根据定位点进行营销组合的规划和实施。是定位点,就一定要做得优于竞争对手;是非定位点,也应为定位点做出贡献,同时不低于行业的平均水平或者达到目标顾客可接受的水平。同时,我们强调品牌与顾客的每一个接触点都要一致性地为定位点做出贡献,让顾客感知到选择的理由是真实存在的。如果有 100 个接触点,其中 99 个为定位点做出了贡献,而另 1 个点与定位点相违背,那么 99 个接触点的正向效用会被弱化甚至消失。

最后,我们归纳出第 7 堂课价值千金的一句话:**让目标顾客感知到选择的理由是真实存在的,就需要根据定位进行营销要素组合:是定位点,就一定要做得优于竞争对手;是非定位点,就要确保为定位点做出贡献,同时不低于行业的平均水平,或者达到目标顾客可接受的水平。一家公司、一个品牌、一个人,都是如此。**

◀第8堂课▶

使收入大于成本

本章要点

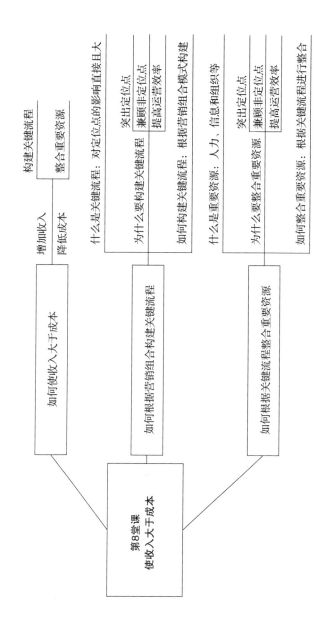

任何一个组织要想持续发展，必须使收入大于成本。换句话说，一个组织做到了秉承美好的使命和目标，选对了目标顾客，给了目标顾客一个选择的理由，同时也让目标顾客感知到了这个理由的真实存在，但是如果收入低于成本，一直处于亏损状态，组织也难以长久发展。在互联网时代，我们发现很多著名的公司就是如此，虽然实现了前几点，但是没使收入大于成本，尽管规模迅速扩大，最终不得不破产倒闭。因此，第 8 堂课讨论三个问题：一是如何使收入大于成本；二是如何根据营销组合构建关键流程；三是如何根据关键流程整合重要资源。实际上第二个问题和第三个问题是对第一个问题的细化。

如何使收入大于成本

如何使收入大于成本，通常的做法是扩大规模，实现规模效益。例如，有人研究了汽车制造企业，达不到一定规模就赔钱，达到一定规模就会实现盈亏平衡，超过这个规模以后就可以赚更多的钱。传统的实体零售业态也是这样，甚至有人僵化地认为，18 个连锁店是盈亏平衡点，少于 18 个店铺的连锁超市是赔钱的，有 18 个店铺连锁超市会盈亏平衡，店铺超过 18 个，连锁超市就开始赚钱，规模越大赚钱越多。在互联网时代，很多公司也延续了规模经济的逻辑，以增加流量为核心，给顾客送红包，低于成本价销售，等等。

这种思路带来的结果就是规模迅速扩张，亏损却越来越严重，收入远低于成本。怎么办？创新。一种流行的创新思路是"羊毛出在猪身上"，让别人来承担部分或全部成本，以达到收入大于成本的目标。例如，报纸、杂志低价或免费发行，让广告主承担印制和发行的部分或全部成本。又如，电影制作公司制作和发行电影没能赚钱，通过植入广告赚取了利润。在选择外景地的时候跟地方政府合作，让地方政府出资，建设一个用于影视拍摄的场景，之后将其作为城市的旅游景点。不可否认，在一定的情境下，"羊毛出在猪身上"是有效的，但是，在很多情境下又变得失效了，万万不可将其视为一般规律来应用。

我们发现"羊毛出在猪身上"有两难：一是找到长着羊毛的猪并不是一件容易的事情，因为猪身上长着猪毛，羊身上才能长羊毛，谁也不想成为长着羊毛的猪；二是即使偶然发现了一头长着羊毛的猪，也不是你的猪，主人让不让你拔？猪让不让你拔？大多数情况下是否定的答案，谁也不想成为被拔羊毛的那头猪。在互联网时代，诸多公司都设想通过拔别人的猪身上的羊毛来渡过险境,但是在现实操作过程中很难落地,结果陷入了困境。

可见,传统经济时代的规模经济逻辑变得部分失效了,出现了很多"规模不经济"的案例。互联网经济时代的创新——"羊毛出在猪身上",也面临着巨大的挑战,难以找到为其承担成本的公司。这时候我们需要仔细想一想,路在何方?

路在脚下。使收入大于成本,核心就是低成本地增加收入,而不是今天流行的通过大规模的营销投入来增加收入。我们看到很多品牌在多家电视台、多个综艺节目、多个热播电视剧进行地毯式、重复式的广告轰炸,也确实使销售收入增加了,但是销售收入增加带来的利润完全无法弥补巨额广告费用。虽然知名度有所提高,销售收入有所增长,但是利润没有增加,甚至出现亏损,公司面临着资金链断裂的风险,不得不通过做假账、虚增收入等手法来吸引投资者,最终身败名裂。

所以,我们主张用逻辑营销管理的方法,低成本地增加销售收入,使收入大于成本,赚取利润。在前面的课程中提到:顾客价值决定顾客是否购买,顾客满意决定顾客是否再次购买,而顾客觉得物有所值和满意的程度,决定顾客以怎样的价格购买,而顾客愿意支付的价格决定了企业的收入与成本之间的差额。有趣的是，顾客满意和顾客价值都是顾客的一种心理感觉，这种心理感觉与营销者投资的多少不是绝对的正相关，换句话说，不是投资的营销费用越多，顾客越感到物有所值和满意。相反，我们也可以通过减少投入，让顾客感到更加物有所值和满意。怎样才能做到呢？还是我们前面讲的，不是用单一的花费成本的营销手段，而是进行有效的营销管理，或者有逻辑地进行营销。其核心就是构建关键流程和整合重要资源，使流程变得非常有效率，使资源产生协同能力，这样既可以使成本降低，又可以使收入增加。简单地说，要使收入大于成本，就要构建关键流程，整合重要资源。

如何根据营销组合构建关键流程

在这里我们回答三个问题：什么是关键流程？为什么要构建关键流程？如何构建关键流程？

1. 什么是关键流程

我们在这里不使用流行的供应链概念，因为供应链的概念是基于采购链和物流等概念衍生而来的，不容易将流程的概念说清楚。

关键流程是指流程中最为重要的流程。对于生产制造企业来说，业务流程包括原材料采购流程、产品设计和生产流程、销售和服务流程等。对于零售企业来说，业务流程主要有商品的采购流程、商品的配送流程、商品的销售和服务流程等。在这些流程中，会有一个或两个流程是关键流程，需要重点构建。关键流程的确定标准是什么呢？对定位点形成产生的影响最直接和最大的那个流程，就是关键流程。例如，沃尔玛的定位点是低价和省钱，那么对降低成本贡献最大的采购流程就是关键流程。又如，海底捞的定位点是优质服务和独特体验，那么对于独特体验贡献最大的服务流程就是关键流程。

我们为什么不把每个流程都打造成关键流程，以塑造品牌多方面的竞争优势呢？因为在竞争激烈的条件下，一方面竞争对手是非常强大的，另一方面公司的资源是有限的，所以不可能在每个方面都打造出竞争优势，只能选择一两个定位点作为竞争优势，据此进行营销要素组合，并构建相匹配的关键流程。这并不违背我们提出的"追求完美"的行事准则。追求完美，是指若干事物组合的完美，也就是结构的完美，绝不是指将所有的事情都做到极致，而是指将关键的部分做到极致和完美，不关键的部分做到可接受就可以了。

2. 为什么要构建关键流程

这里面有三个原因。第一个原因，构建关键流程是为突出定位点服务的。定位点是顾客选择的理由，让目标顾客感知到选择的理由是真实存在的，是通过营销组合来实现的，即让定位点做得优于竞争对手，非定位点为定位点做出贡献，同时不低于行业平均水平。要做到这些，必须根据突出定位点的营销组合模式来构建关键流程。换句话说，营销组合的各个要素维度的顾客接触点，都是通过设计、生产、销售、服务和配送等流程来落地的，其中构建关键流程直接影响着目标顾客对购买理由的感知，甚至直接就是接触点。

第二个原因，构建关键流程也为非定位点服务。顾客在购买产品和服务的时候，不是仅购买一个定位点的利益和价值，还要购买非定位点的很多利益。换句话说，顾客购买的是一个利益组合，包括定位点体现的关键利益和非定位点体现的附加利益，二者都是必不可少的。所以，在进行关键流程的构建时，也必须考虑一般流程的正常运转，以保证顾客获得附加利益，让目标顾客能够完整地购买到一个利益组合，从而感觉到物有所值和满意，并持续地购买公司的产品和服务。

第三个原因,构建关键流程可提高运营效率。最重要的是,让重要的资源通过整合发挥更大的效用,使各业务流程高效运行。如果目标顾客不关注促销,公司就没必要花费很多的资源和成本把促销流程打造为关键流程;如果目标顾客不关注服务,公司就没必要花费很多的资源和成本把服务流程打造成关键流程。要把好钢用在刀刃上,公司的"好钢"是非常有限的,用在哪里必须进行精心的设计和选择,从而形成关键流程和一般流程的有机组合,使资源效率和流程效率都达到理想水平。这个问题貌似简单,但是实施落地并不容易。

我曾经通过案例提出了"过度营销理论"。过度营销现象是普遍存在的,比如过度的目标顾客选择、过度的营销定位、过度的产品开发、过度的包装设计、过度的定价、过度的分销、过度的传播等。这些过度的营销现象,都是将一般流程有意识或无意识地提升为关键流程进行构建了,有了过多的关键流程就等于没有了关键流程。

例如,过度地包装设计。许多礼品包装都是特别大的一个包装盒仅装了一件小小的礼品。礼品茶叶和月饼的包装盒,体积常常是商品的 3～5 倍,重量是商品重量的 2～3 倍,这增加了大量的生产、运输和储存成本。实际上目标顾客（送礼人和收礼人）并不关注这些，收礼人看到这么大的包装，以为里边有很多东西，打开一看就那么一点东西，可能会很失望，甚至会对送礼人产生不好的印象。

又如，过度地广告宣传。以汽车为例，市场竞争异常激烈，在通过摇号才能获得车牌号或者限号的大城市，新购汽车非常少，大约90%是旧车换新车，有限的市场以及激烈的竞争迫使汽车厂商进行广告轰炸。电视上充斥着各种汽车广告，很多汽车品牌一年的广告投入达数千万元甚至过亿元，但是广告效果仍然不好，品牌商和广告代理认为必须继续加大广告投入，汽车厂商很容易陷入过度广告的陷阱。究其原因，其实是广告本身出了问题。我们经常看到这样的汽车广告：一会儿在沙漠里穿行，尘土飞扬；一会儿在海边疾驰而过，水花四溅。我们不知道这些汽车飞来飞去要表达什么！花费巨额广告费用，却没有给目标顾客一个选择的理由，自然不会产生良好的销售额。这种广告播放频次再高，也没有什么用。反观沃尔沃品牌，我们看不到它的轰炸式广告，但是如果问大家:"为什么那么多人喜欢购买沃尔沃车呢?"几乎每个人都会说:"因为沃尔沃安全。"安全,就是顾客选择沃尔沃的理由。可见,让目标顾客感知到选择理由是真实存在的并不在于花钱多少,而在于传播流程的效率。

3.如何构建关键流程

如何构建关键流程,实际就一句话:一定要根据突出定位点的营销组合,构建关键流程。构建关键流程,是为了支撑突出定位点的营销组合模式的形成,否则,难以让目标顾客感知到购买理由是真实存在的。我们通过三个例子进行说明。

例一 美国沃尔玛公司。它是一家持续成长的公司,也表明它具有持续竞争优势。在线上零售业迅速发展的今天,亚马逊等线上零售巨头对沃尔玛的冲击非常大。沃尔玛以实体店为主,也有一些线上交易,采用全渠道融合的零售方式。直到今天,它依然在《财富》世界500强排行榜上名列第一。这值得我们深思:无论在传统经济时代还是在速变的互联网时代,沃尔玛为什么都能名列世界500强的第一位呢?主要原因有以下几点:①沃尔玛给了目标顾客选择的理由。它长期坚守的就是为顾客节省每一分钱

（利益定位），并且坚持实行天天低价的策略（属性定位）。②沃尔玛让目标顾客感知到了选择的理由是真实存在的。沃尔玛采用的是"1+1+4"的营销组合模式，低价为主要定位点，优质产品为次要定位点，其他服务、店铺位置、店铺环境和传播四个组合要素，达到了行业平均水平或顾客可接受的水平。③沃尔玛根据突出定位点的营销组合模式构建了关键流程。零售企业的业务流程有采购流程、配送流程、销售和服务流程。沃尔玛的关键流程是什么？采购流程。沃尔玛构建了一个低成本采购的关键流程，为天天低价的定位点做出了主要贡献。当然，沃尔玛的配送流程、销售和服务流程也为低成本做出了贡献，同时保证非定位点利益达到目标顾客可接受的水平。

例二 中国海底捞公司。与沃尔玛一样，海底捞采用的也是"1+1+4"的营销组合模式，但主要定位点的内容与沃尔玛有所不同。海底捞的主要定位点在服务要素上，服务达到了非常出色的水平，给顾客带来了独特的体验。海底捞的火锅也很好吃，达到了优秀的水平，为次要定位点。海底捞的价格、店铺位置、店铺环境和传播四个要素达到了行业平均水平或顾客可接受的水平。这种"1+1+4"营销组合模式的正常运行，是靠关键流程来支撑的。餐饮业的业务流程包括食材采购流程、生产制作流程、销售和服务流程。由于服务是海底捞的主要定位点所在位置，所以它构建了一个敏捷、有效的服务流程，是标准化和个性化相结合的流程。我们发现很多公司都在实施标准化流程。注意，标准化流程不会实现超越顾客期望的满意度，因为顾客不是标准化的顾客，他们总有一些个性化需求。海底捞的成功就在于它实施了标准化和个性化相结合的服务流程。个性化流程常常会给顾客带来意外惊喜，满足了他们的独特需求，他们自然会有受到尊重的感觉，进而产生偏爱。同时，为了保证火锅好吃，海底捞还构建了食材采购的次关键流程。

例三 美国迪士尼乐园。迪士尼乐园采用的也是"1+1+4"的营销组合模式，但是其主要定位点的位置与沃尔玛的价格要素、海底捞的服务要素有所不同，是在游览项目上，也就是产品组合要素上，并达到了出色的水平，给顾客带来了超过其竞争对手的快乐和惊喜。它的次要定位点是在服务要素上，并达到了优秀的水平，超越了目标顾客的期望，给他们带来了很多意外的惊喜。迪士尼乐园在门票价格、乐园位置、乐园环境、传播四个组合要素方面，达到了不低于行业平均水平或顾客可接受的水平。

关于迪士尼乐园，流传着很多有关快乐故事，这些故事反映出迪士尼公司与众不同的流程构建思路。例如，很多乐园的草坪常常会被踩出一条小路，乐园管理者会在草坪旁立一块牌子，上面写着"小草青青，请勿踩踏"。实际上，这说明草坪和道路的设计忽略了游客的需求。迪士尼乐园是在建好草坪之后，将游客踩踏草坪形成的小路设计为相应的道路，满足了游客的便利性需求。这种随游客需求而变化的设计流程，直接为突出快乐定位点的营销组合模式服务。在迪士尼乐园中的灰姑娘城堡前有块草坪，很多游客踩着那块草坪，以灰姑娘城堡为背景进行拍照，管理人员早期也立了一个"请勿踩踏"的牌子，但是收效甚微。管理人员就去请教迪士尼创始人沃尔特·迪斯尼该如何办，沃尔特·迪斯尼告诉管理人员，把牌子上的文字改为："这里是拍摄灰姑娘城堡的最佳位置，欢迎您在此拍照！"他解释说，既然顾客愿意在那儿拍照，说明那个地方是顾客拍照的最佳地点，就应该为他们在那里拍照提供便利。

总之，迪士尼乐园的利益定位点是"快乐"，主要是通过游玩项目的出色来实现的，同时优质服务也为其做出了重要贡献。所以，迪士尼乐园构建的关键流程是迪士尼乐园的设计、制造以及服务，让目标顾客在与迪士尼乐园的每个接触点都能感受到快乐。这就是根据突出定位点的营销要素组合模式构建关键流程。

如何根据关键流程整合重要资源

在这里我们还是回答三个问题：什么是重要资源？为什么要整合重要资源？如何整合重要资源？

1. 什么是重要资源

任何一个人或一个组织，都有有形资源和无形资源两大类资源。有形资源包括房屋、机器、设备、资金等，无形资源包括人力、信息、组织和品牌资产等。那什么是重要资源呢？平衡计分卡的创始人罗伯特·卡普兰和戴维·诺顿认为，人力、信息和组织等无形资源是最为重要的资源。实际上，在公司的不同发展阶段，重要资源的认定是不同的。在创业阶段，资金非常重要，因此资金就是重要资源。到了跨行业发展阶段，人才和组织可能就成为重要资源了。在传统经济时代，沃尔玛的重要资源是有形资源——成千上万的实体店铺，但是，进入数字经济时代，重要资源变成了无形资源——人力、信息、组织和品牌资产。当你无法判断什么是最重要的资源时，将组织最为短缺的资源视为最重要的资源，是不会出错的。

2. 为什么要整合重要资源

整合重要资源同样有三个重要原因。一是突出定位点。在竞争激烈的情景下，任何一家公司的资源都是有限的，不可能把公司的每一个方面都打造得具有竞争优势，成为顾客选择的理由。这就要求公司把稀缺、重要的资源匹配给突出定位点的关键流程，"好钢用在刀刃上"，才能大大提升资源的使用效率，让目标顾客感受到选择的理由是真实存在的。二是兼顾非定位点。非定位点，也是顾客购买的利益组合的一部分，需要关键流程和非关键流程进行落地，这些流程的构建不仅需要一般资源的整合，也需要重要资源的匹配，只不过需要的重要资源少一些。三是提高运营效率。在竞争激烈的市场上，公司的资源是有限的，重要资源更显得有限。只有把有限的重要资源匹配给关键流程的构建，为打造竞争优势（顾客的购买理由）服务，才能实现运营的最高效率。否则就会南辕北辙，效率大大降低。

3. 如何整合重要资源

整合重要资源就是一句话：根据构建的关键流程，整合重要资源。我们仍然延续前面提到的沃尔玛、海底捞和迪士尼三家公司为案例进行说明。

例一 美国沃尔玛公司。由前述可知，沃尔玛的关键流程是采购流程，那么公司重要的资源整合必须为采购流程服务。对于沃尔玛来说，人力资源是一个重要资源，沃尔玛会派优秀的中层管理者到采购部当经理，采购部经理有更多的机会升迁为公司副总裁；信息系统也是一个重要资源，也向采购流程进行倾斜，信息系统的建设直接服务于低成本的采购流程。沃尔玛组织文化的塑造，除了围绕美好的使命和目标之外，还形成了一个"省钱"的文化，强调省钱不是为了通过降低成本使公司利润增加，而是为顾客节省支出。沃尔玛普通员工的工资是比较低的，办公室的复印纸也都是两面用的。多年以前我参加过一次零售业发展论坛，我发现，沃尔玛总裁发言过后，将喝剩下的半瓶水拿走了。有位中国零售企业老总说："沃尔玛那么有钱，世界 500 强排名第一，总裁怎么那么抠门啊！剩了半瓶水还拿走。"但是，如果了解沃尔玛的文化，就不会说出这样的话了。沃尔玛公司认为，这半瓶水是为顾客节省的。可见，沃尔玛的重要资源的整合主要是围绕关键流程（采购流程）进行的，同时也为其他流程的正常运营提供保障，支撑了利益定位点（省钱）和属性定位点（天天低价）的实现。

例二 中国海底捞公司。海底捞的关键流程是服务流程，次关键流程是生产流程。因此，海底捞的文化塑造、组织结构、员工培训，主要为这个关键流程服务或者说进行整合匹配。例如，海底捞的使命就是"让员工靠双手改变命运""让员工有尊严"。使命如何落地呢？除了让海底捞员工的工资高于竞争对手外，还给员工较好的待遇，比如给他们公寓住，给他们提供图书馆等。那是不是待遇好，员工就有尊严了呢？还不够。还有一个非常重要的方面，就是对员工进行授权。例如，200元钱之内，一线员工只要确定其支出是对顾客有好处并且合理，就有灵活处置的权力。员工感到待遇好，又有一定的权力，就有了受到尊重的主人翁感，工作的主动性和积极性就会大大提高，就有意愿好好回报海底捞。但是海底捞说："对顾客好就是对我们的回报。"接下来，海底捞的员工就想方设法让顾客满意，自觉不自觉地改善了个人的服务流程，推动了全公司服务流程的持续创新，形成了一个热情、友好和高效的服务流程。可见，海底捞也是根据突出定位点的关键流程，整合重要资源，最后形成了服务出色的竞争优势，赢得了目标顾客的喜爱。

例三 美国迪士尼乐园。由前述可知，迪士尼乐园的关键流程是游览项目的设计流程和服务流程，因此迪士尼的重要资源就向这两个关键流程倾斜。从设计方面看，迪士尼公司组建了一支优秀的幻想工程师队伍，囊括了 150 多个学科，超过 1600 名员工，主要负责迪士尼度假区、主题公园、游乐景点、酒店、水上公园、地产开发、区域性娱乐场所、游轮和新媒体项目。他们享受公司较高的待遇，公司还出资让他们去实景地考察。为了设计乐园中鹅的形态，幻想工程师在创意室里养了若干只鹅，以便进行观察和创意。同时，迪士尼公司还把迪士尼电影公司的创意团队与乐园设计团队进行人员共享，以强化迪士尼乐园的设计力量。在修建迪士尼乐园时，资金非常紧张，迪士尼公司就压缩电影制作的投入，向乐园的建设进行倾斜。

在乐园服务方面，迪士尼主要依赖于与游客直接接触的一线员工（即演员）。迪士尼给予员工的工资比市场低 10%～15%，但是它让员工享受到了快乐开心的氛围，员工像演员一样快乐地表演，这也会让游客快乐，游客的一张张笑脸会使员工产生成就感和满足感，从而更加努力地表演，最终形成良性循环，这使迪士尼乐园成为付出就有回报的快乐表演的舞台。同时，通过迪士尼大学对员工进行培训，这是员工获得成就感和快乐感的重要基础。1955 年，迪士尼乐园开业前夕，沃尔特·迪斯尼在员工第一次入职培训课上说："你会让迪士尼乐园成为一个真正神奇的王国；你会让数百万现在和将来到此游玩的客人感到快乐。在为我们的客人创造幸福的同时，我希望你在自己的工作中也能找到幸福，并成为迪士尼乐园重要的一分子。"[一]这种创造快乐、传递快乐、游客快乐直至自己快乐的文化理念成为员工培训和实习的重要内容。可见，迪士尼乐园仍然是根据关键流程进行重要资源的整合，从而使关键流程为突出定位点的营销组合模式服务，最终让顾客感知到选择的理由是真实存在的。

◀ 小 结 ▶

我们总结一下第8堂课的内容，其核心就是让营销者的收入大于成本。我们回答了三个问题。①如何使收入大于成本？就是通过构建关键流程和整合重要资源，提高效率。在增加收入的同时控制成本。控制成本，不是笼统地降低人员成本和营销成本，而是通过提高流程效率和资源使用效率，使相对成本降低，而效率的表现就是让目标顾客感知到选择的理由是真实存在的。②如何根据营销组合构建关键流程？关键流程是指对定位点感知影响最大和最为直接的业务流程，这个关键流程需要根据突出定位点的营销组合模式进行构建，

[一] 比尔·卡波达戈利，林恩·杰克逊. 引爆快乐：迪士尼王国的经营魔法［M］. 李楠，译. 3版. 北京：中国人民大学出版社，2017：66.

要求突出定位点，兼顾非定位点，同时提高流程效率。③如何根据关键流程整合重要资源？重要资源是指对于关键流程的构建影响最大和最为直接的无形资源，包括人力、信息、组织和品牌资产等，这些重要资源要根据突出定位点的关键流程进行整合，使公司在顾客、流程和资源层面形成一个完整、高效率的系统。

最后，我们归纳出第 8 堂课价值千金的一句话：**根据突出定位点的营销要素组合构建关键流程，再根据这个关键流程整合重要资源**，这样就会打造出一个营销模式的"本"，然后对这个"本"进行复制，复制一次就会给公司带来一次的利润，而且可以复制上万次，最终实现一本万利。一家公司、一个品牌、一个人，都是如此。

◀第 9 堂课▶

逻辑营销管理的核心内容

本章要点

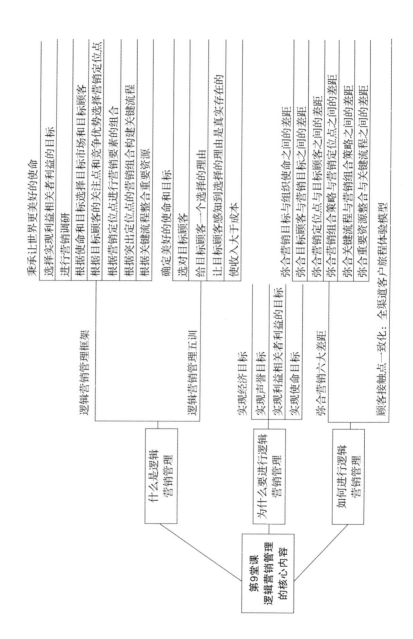

在第9堂课，我们对逻辑营销管理的前八堂课程的内容进行总结，具体包括三个内容：什么是逻辑营销管理？为什么要进行逻辑营销管理？如何进行逻辑营销管理？

什么是逻辑营销管理

营销是有逻辑的。逻辑是指事物发展过程中的前后顺序和因果关系，符合营销逻辑的营销管理，才能取得理想的效果。

营销管理的先后顺序和因果关系是怎样的呢？第一步，秉承让世界更美好的使命。第二步，根据使命及其可能性选择实现利益相关者利益的目标。第三步，进行营销调研，包括宏观环境和微观环境等内容，关注这些环境对营销管理决策的影响。第四步，根据使命和目标选择目标市场和目标顾客，否则使命和目标无法达成，因为目标顾客与组织的使命和目标之间存在因果关系。第五步，根据目标顾客的关注点和竞争优势选择营销定位点，这需要研究目标顾客在产品（包括服务）、价格、分销和传播四个要素方面的需求如何，关注的利益和价值在哪里，然后分析竞争优势在哪里，据此选择营销定位点。营销定位点包括属性定位点、利益定位点和价值定位点。属性定位是利益定位产生的原因，利益定位点是给顾客带来的效用，价值定位点是让顾客感受到的人生价值，通常解释人为什么要活着。沃尔玛的属性定位点是天天低价，利益定位点是省钱，价值定位点是好生活。佳洁士儿童牙膏的属性定位点是含氟，利益定位点是防止蛀牙和牙齿健康，价值定位点是做个好妈妈。定位点的选择，就是给目标顾客一个选择的理由。在利益定位点和属性定位点实现了差异化，就等于已经给了目标顾客选择的理由，因此就不需要价值点定位了。但是，如果在利益定位点和属性定位点没有实现差异化，就等于没有给目标顾客选择的理由，这时就必须通过价值定位点给他们理由。第六步，根据营销定位点进行产品（包括服务）、价格、分销和传播四个要素的组合，这样才能让目标顾客感知到选择的理由是真实存在的。第七步，根据突出定位点的营销组合构建关键流程。第八步，根据关键流程整合重要资源。逻辑营销管理的这八个步骤是按序进行的，前者是后者决策的依据，营销管理不能违背这些逻辑。为此，我们建立了一个逻辑营销管理框架图（见图9-1）。

第9堂课 逻辑营销管理的核心内容

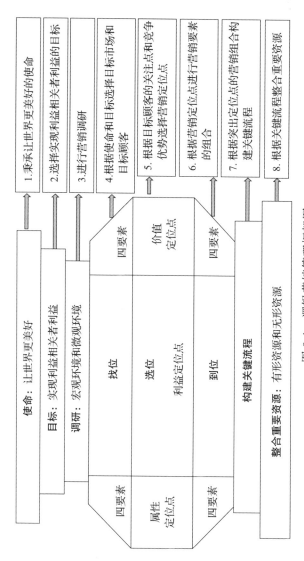

图 9-1 逻辑营销管理框架图

为什么要进行逻辑营销管理

为什么要进行逻辑营销管理？简单地说，就是为了实现我们确定的组织的使命和目标。换句话说，逻辑营销管理是一个人或一个组织实现目标的唯一路径，否则就会与目标南辕北辙。

1. 组织目标的层级

一个人和组织都有活着或存在的理由，这个理由就是使命（长期或终生的目标）。为了实现这个使命需要有阶段性目标，阶段性目标是短期和中期目标，具体表现为经济目标和声誉目标。使命目标、声誉目标和经济目标三个目标是密切联系、互相影响的，因此一个人或一个组织通常会有这三种目标，并且都应该是正向性的。秉承让世界更美好的使命和目标，才有可能赢得品牌声誉，有了品牌声誉才能使公司的销售收入、市场份额以及利润持续增长，否则只能实现短期经济目标，而使长期经济目标难以达成。当然，即使秉承让世界更美好的使命和目标，以及拥有了良好的声誉，也并不会天然地实现经济目标，在此期间还受营销管理水平和效率的影响，看其是否实现了顾客价值和顾客满意。这一切只有通过逻辑营销管理才可以达成。

（1）经济目标是低级目标。它包括销售额、市场份额和利润额等内容，有些公司将其视为终极目标，我们认为这些不是终极目标，而仅仅是实现使命的手段，因此属于低级目标。盈利性是非常重要的，它是公司持续存在、实现高级目标的重要手段。这就要求公司的运营必须使收入大于成本。

（2）声誉目标是中级目标。它包括知名度、美誉度和信任度等内容。有些公司比较重视知名度的提升，而忽视了美誉度和信任度的提升，我们认为后两者更为重要，因为它们是实现经济目标和使命目标不可或缺的因素。一些小而美的"小巨人"公司就是更加重视美誉度和信任度，而适当限制知名度的提升，效果非常好。声誉目标可以为经济目标的实现做出贡献，同时也是衡量使命目标是否达成的重要标准之一。

（3）实现利益相关者利益的目标是高级目标，其中一个重要的内容就是实现顾客价值和顾客满意。让世界更美好使命的实现，是基于实现利益相关者利益的目标，而利益相关者分割多少利益，取决于所有顾客支付总额的大小，这个总额的大小与顾客价值和顾客满意的实现程度直接相关。如何实现顾客价值和顾客满意呢？必须实施有效的营销管理，其核心内容是找对目标顾客，给目标顾客一个选择的理由，让目标顾客感知到选择的理由是真实存在的。

（4）使命目标是最高目标。因为使命是一个人或一个组织活着或存在的理由。我们的建议是，使命目标一定是"为人类的福祉做出贡献"，换句话说就是"让这个世界更美好"。这两句话不一定是原话，但一定含类似的意思。只有秉承类似的使命，才能建立良好的声誉，进而推动公司和品牌持续成长。

2. 实现组织目标的"五训"

由前述可知，一个组织的经济目标、声誉目标、利益相关者的利益目标、使命目标是通过以下五个关键要素实现的：①确定美好的使命和目标；②选对目标顾客；③给目标顾客一个选择的理由；④让目标顾客感知到选择理由是真实存在的；⑤使收入大于成本。我们称之为"营销五训"，五训对于实现组织的各个层级目标都是不可缺少的（见图9-2）。

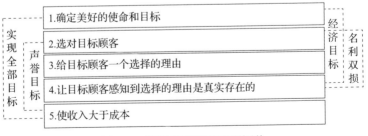

图9-2 逻辑营销管理五训评价

营销五训都做到了，会全部实现组织的使命、声誉和经济目标，成为一家令人赞赏和尊敬的公司。如果只做到了第2～5条，没有确定美好的使命和目标，则意味着追求利润最大化极有可能损害利益相关者的利益，无法实现组织的声誉目标。如果只做到了第1～4条，公司就会处于赔钱的状态，没有实现经济目标。如果只做到了第2～4条，使命目标不美好，还处于亏损的状态，表明使命目标和经济目标都没有实现。所以，一个公司成功了，一定是五训都做到了；一个公司或一个品牌失败了，一定是这五条中的几条甚至所有五条都没做到。五训的实现程度是衡量一个人或一个组织的目标是否达成的一把尺子，只有五训都实现了，才能说明全部目标得以实现。

3. 营销五训的达成需要逻辑营销管理落地

组织目标的实现需要通过营销五训来完成，那么如何实现营销五训的中介目标呢？**第一训**为确定美好的使命和目标，需要完成两个决策，一是秉承让世界更美好的使命，二是选择利益相关者的利益为营销的目标；**第二训**是选对目标市场和目标顾客，这是通过目标顾客选择的决策实现的；**第三训**是给目标顾客一个选择的理由，这是通过根据目标顾客进行营销定位决策完成的；**第四训**是让目标顾客感知到选择的理由是真实存在的,这是通过根据定位点进行营销策略组合决策实现的;**第五训**为使收入大于成本,这是通过根据营销组合策略构建关键流程和整合重要资源实现的。可见,营销五训在本质上是通过逻辑营销管理实现的(见图9-3)。

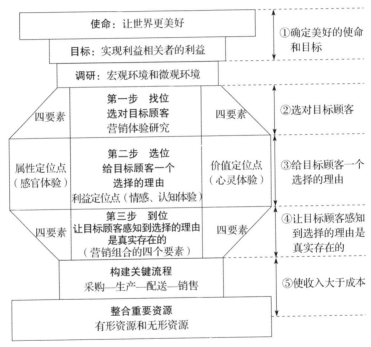

图9-3 逻辑营销管理与五训的关系图

这就回答了为什么要进行逻辑营销管理的问题。一个人或一个组织的生存目标是通过营销五训实现的,而营销五训的达成是通过逻辑营销管理实现的。

如何进行逻辑营销管理

如何进行逻辑营销管理呢？就是**通过逻辑营销管理的八个步骤，弥合逻辑营销管理的六大差距，最终实现营销五训**。

1. 逻辑营销管理的六差距模型

图 9-4 是我们建立的逻辑营销管理的差距模型，在模型中呈现出六大差距：①营销目标与组织使命之间出现差距，通常是由于营销目标脱离了组织实现使命的要求；②目标顾客与营销目标之间出现差距，通常是由于目标顾客选择有误；③营销定位点与目标顾客之间出现差距，通常是由于营销定位点选择不当；④营销组合策略与营销定位点之间出现差距，通常是由于营销组合策略不当；⑤关键流程与营销组合策略之间出现差距，通常是由于关键流程选择不当；⑥重要资源整合与关键流程之间出现差距，通常是由于重要资源整合不当。每一个差距都是实现营销五训的最大障碍，自然也就是实现营销目标的最大障碍，因此实施逻辑营销管理就是要弥合这六大差距。

如何避免和弥合逻辑营销管理的六大差距呢？我们在第 3 堂课已经讨论过，有两种方法：一是事先预防；二是诊断医治。

事先预防六大差距的方法，就是科学地制订逻辑营销管理计划并且有效实施。实施逻辑营销管理就是为了避免出现六大差距，它是实现组织使命和目标的保障。具体地说，就是从逻辑营销的分析开始，在分析的基础上制订计划，并有效地实施这个计划，三个环节缺一不可。

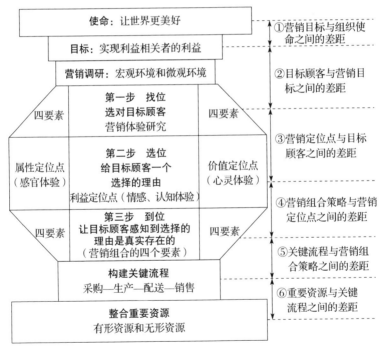

图9-4 逻辑营销管理的六差距模型

诊断医治六大差距的方法，就是实施逻辑营销管理的控制，及时发现问题，找出原因，然后进行医治。具体地说，组织的经营绩效不理想，一定是违反了营销的逻辑，那么就需要分析出现了六大差距中的哪一个或哪几个差距，接下来分析这些差距形成的原因归属于逻辑营销管理八个步骤中的哪一个或哪几个步骤，最终改善这些步骤及其连带的决策。越是靠前的步骤出现问题，需要调整的步骤越多。假如组织使命选择有误，那么之后的七个步骤都要重新走一遍。假如仅仅是重要资源整合与关键流程不匹配，那么就调整并改善最后一个步骤即可。因此，在八大步骤的逻辑框架中，前一个步骤是后一个步骤决策的依据。

2. 全渠道顾客旅程体验图

我们在前面讨论过，顾客在购买的过程中，首先是收集信息，然后进行商品的评价，评价之后进行相应的选择，选择之后下订单，然后付款和收货，收到货以后要使用，使用完以后进行评论，然后决定是否再次购买。实际上，这是顾客的购买旅程，在这个旅程中，顾客与公司或品牌有很多线上线下的接触点，通过接触点顾客产生对公司和品牌的体验，最后形成顾客价值和顾客满意的效果。因此，公司和品牌与顾客的每一个接触点，都应该为目标顾客感受到选择的理由做出贡献,这是逻辑营销管理的一项重要内容。

因此,我们需要创建一个新的可视化工具,将与顾客的接触点及顾客的体验整合在一张图上,以便进行评估和决策。这个工具应该包括背景、顾客画像、顾客旅程、顾客体验、企业旅程以及机会点分析。按照此逻辑,就会形成一个全渠道顾客旅程体验图(见图9-5)。[一]顾客旅程包括购前、购中和购后等诸多环节,顾客体验包括便捷、感官、情感等内容,企业旅程包括售前、售中和售后等诸多环节。通过调查和分析,我们可以将顾客旅程体验进行可视化呈现,形成全渠道顾客旅程的规划图、问题分析图和改进图等,最终实现各个顾客接触点的一致化体验,为顾客感受到选择的理由做出贡献。

便捷、感官和情感等在每一个接触点的体验,可以用人脸图形来体现。最关注的用最大的人脸标示,中等关注的用中等大小的人脸标示,不太关注的用小的人脸标示。同时,顾客非常满意用大笑脸标示,满意用微笑脸标示,可接受的用无表情脸标示,不满意则用哭脸标示。在评价时,人脸越大的接触点表明目标顾客越关注;人脸越小的

[一] 李飞. 全渠道零售设计[M]. 北京:经济科学出版社,2019:171.

接触点表明目标顾客越不关注,只要不是哭脸就可以了,即达到了行业平均水平或者目标顾客可以接受的水平。如果全渠道顾客体验图与此逻辑相悖,就是调整和改进的机会点。

背景	绘制者	绘制者姓名;完成日期						
	情境	品牌或项目所处的情境(如生命周期某个阶段等)						
	目标	绘制该图的主要目标(要解决的问题)						
顾客画像	照片	全渠道的顾客:真实人或虚拟人,一个人或一个群体						
	特征	全渠道的人口统计特征、心理和性格特征等						
顾客旅程	阶段	收集信息	选择	下订单	付款	收货	使用	评论反馈
	步骤							
顾客体验	线下							
	线上							
	便捷							
	感官							
	情感							
企业旅程	线下							
	线上							
	步骤							
	阶段	提供信息	展示	收订单	收款	送货	指导	回应评论
	资源							
机会点		简明和清晰地说明关键性结论:机会点、风险点和规避点						

图 9-5　全渠道顾客旅程体验图框架

我们举例说明。图 9-6 是一家共享单车服务的全渠道顾客体验图（省略了背景和用户画像等内容）。由此图可以

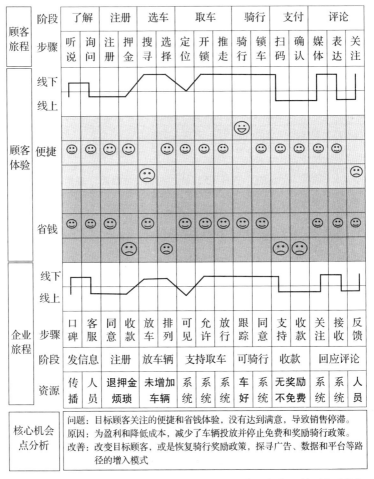

图 9-6　某公司共享单车服务成熟期的全渠道顾客旅程体验问题图

得出以下结论：①目前存在的主要问题是，目标顾客关注的便捷和省钱体验无法达到满意，导致销售增长停滞；②目前的主要矛盾是，公司面临盈利压力，所以采取了降低成本的经营策略，取消了前期大规模的免费和奖励骑行政策，而竞争对手的大规模涌入、免押金、免费或奖励骑行，导致关注省钱体验的一些顾客抛弃了该品牌；③未来的改进建议，或是抛弃价格敏感型顾客群，或是恢复奖励骑行政策，探寻广告、数据和平台等路径的增收模式。㊀

◀ 小 结 ▶

我们总结一下第9堂课的内容，其对逻辑营销管理课程的核心内容进行了总结，具体包括三项内容。一是什么是逻辑营销管理。逻辑营销管理就是根据营销的逻辑（先后顺序、因果关系）进行管理，与此相适应，构建了逻辑营销管理模型，提出了逻辑营销管理五训。二是为什么进行逻辑营销管理。因为逻辑营销管理是实现经济目标、声誉目标和使命目标的唯一路径。三是如何进行逻辑营销管理。首先是有效地

㊀ 李飞. 全渠道零售设计［M］. 北京：经济科学出版社，2019：176.

完成逻辑营销管理的八个步骤,避免和弥合逻辑营销管理的六大差距;其次是运用全渠道顾客旅程体验图,保证在每一个接触点都让顾客感受到选择的理由是真实存在的。

最后,我们归纳出第 9 堂课价值千金的一句话:**营销是有逻辑的,最有效的营销管理是逻辑营销管理**。一家公司、一个品牌、一个人,都是如此。

后　　记

　　本书是我 2020 年的意外收获，当初并没有撰写和出版本书的计划，是各种机缘巧合促成了本书的出版，这是一件令人愉悦的事情。

　　由于新冠肺炎疫情的影响，大学的许多课程转移到了线上。2020 年年初，清华大学经济管理学院高管教育中心开始筹划精选 10 门管理课程进行线上视频授课，高管教育中心领导云涛和李静执意邀请我承担"营销管理"课程的设计和讲授，我应允并决定围绕着营销的逻辑进行准备。3 月 6 日我们一起进行了线下讨论，4 月 28 日进行了视频拍摄，7 月正式上线。在这个过程中，我得到高管教育中心陈芳的帮助，特别是高管教育中心王萱跟进了准备、拍摄和后期的每一个环节，她认真地工作，高效率地解决问题，营销系博士生许高翔同学也给予了必要的帮助。没有他们的支持和付出，我不可能参与并顺利完成"营销管理——营销的逻辑"视频课程，自然也就不可能完成本书的撰写，因此对前面提到的各位同事及同学表示诚挚的谢意!

当然,本书的顺利出版离不开机械工业出版社华章公司宋学文编辑和张竞余编辑的帮助和支持,他们不仅迅速决定出版该书,而且提出了修改建议,责任编辑岳晓月使本书更加完善,因此对他们表示衷心的感谢!

李 飞

2020 年 8 月